Gestão de Materiais

UMA ABORDAGEM INTRODUTÓRIA

O GEN | Grupo Editorial Nacional – maior plataforma editorial brasileira no segmento científico, técnico e profissional – publica conteúdos nas áreas de ciências sociais aplicadas, exatas, humanas, jurídicas e da saúde, além de prover serviços direcionados à educação continuada e à preparação para concursos.

As editoras que integram o GEN, das mais respeitadas no mercado editorial, construíram catálogos inigualáveis, com obras decisivas para a formação acadêmica e o aperfeiçoamento de várias gerações de profissionais e estudantes, tendo se tornado sinônimo de qualidade e seriedade.

A missão do GEN e dos núcleos de conteúdo que o compõem é prover a melhor informação científica e distribuí-la de maneira flexível e conveniente, a preços justos, gerando benefícios e servindo a autores, docentes, livreiros, funcionários, colaboradores e acionistas.

Nosso comportamento ético incondicional e nossa responsabilidade social e ambiental são reforçados pela natureza educacional de nossa atividade e dão sustentabilidade ao crescimento contínuo e à rentabilidade do grupo.

IDALBERTO
CHIAVENATO

Gestão de Materiais

UMA ABORDAGEM INTRODUTÓRIA

CHIAVENATO

4.ª ed.

- O autor deste livro e a editora empenharam seus melhores esforços para assegurar que as informações e os procedimentos apresentados no texto estejam em acordo com os padrões aceitos à época da publicação, *e todos os dados foram atualizados pelo autor até a data da entrega dos originais à editora.* Entretanto, tendo em conta a evolução das ciências, as atualizações legislativas, as mudanças regulamentares governamentais e o constante fluxo de novas informações sobre os temas que constam neste livro, recomendamos enfaticamente que os leitores consultem sempre outras fontes fidedignas, de modo a se certificarem de que as informações contidas no texto estão corretas e de que não houve alterações nas recomendações ou na legislação regulamentadora.
- Data do fechamento do livro: 30/03/2022
- O autor e a editora se empenharam para citar adequadamente e dar o devido crédito a todos os detentores de direitos autorais de qualquer material utilizado neste livro, dispondo-se a possíveis acertos posteriores caso, inadvertida e involuntariamente, a identificação de algum deles tenha sido omitida.
- **Atendimento ao cliente: (11) 5080-0751 | faleconosco@grupogen.com.br**
- Direitos exclusivos para a língua portuguesa
Copyright © 2022 by
Editora Atlas Ltda.
Uma editora integrante do GEN | Grupo Editorial Nacional
Travessa do Ouvidor, 11
Rio de Janeiro – RJ – 20040-040
www.grupogen.com.br
- Reservados todos os direitos. É proibida a duplicação ou reprodução deste volume, no todo ou em parte, em quaisquer formas ou por quaisquer meios (eletrônico, mecânico, gravação, fotocópia, distribuição pela Internet ou outros), sem permissão, por escrito, da Editora Atlas Ltda.
- Capa: Bruno Sales
- Editoração eletrônica: Karen Ameomo

CIP-BRASIL. CATALOGAÇÃO NA PUBLICAÇÃO
SINDICATO NACIONAL DOS EDITORES DE LIVROS, RJ

C458g
4. ed.

Chiavenato, Idalberto,1936-
Gestão de materiais: uma abordagem introdutória / Idalberto Chiavenato. – 4. ed. – Barueri [SP]: Atlas, 2022.

Inclui bibliografia e índice
ISBN 978-65-5977-255-1

1. Administração de material. 2. Controle de estoque. I. Título.

22-76411	CDD: 658.7
	CDU: 658.7

Meri Gleice Rodrigues de Souza – Bibliotecária – CRB-7/6439

À Rita.

As palavras que servem para escrever um livro nem sempre são apropriadas para descrever sentimentos e emoções.

E muito menos para demonstrar a profundidade de um afeto.

Por isso, quero dedicar-lhe este livro dizendo apenas superficialmente que ele é um pedaço meu para você.

Parabéns!

Além da edição mais completa e atualizada do livro *Gestão de Materiais – uma abordagem introdutória*, agora você tem acesso à Sala de Aula Virtual do Prof. Idalberto Chiavenato.

Chiavenato Digital é a solução que você precisa para complementar seus estudos.

São diversos objetos educacionais, como vídeos do autor, mapas mentais, estudos de caso e muito mais!

Para acessar, basta seguir o passo a passo descrito na orelha deste livro.

Bons estudos!

Confira o vídeo de apresentação da plataforma pelo autor.

uqr.to/hs6d

Sempre que o ícone CHIAVENATO DIGITAL aparece, há um conteúdo disponível na Sala de Aula Virtual.

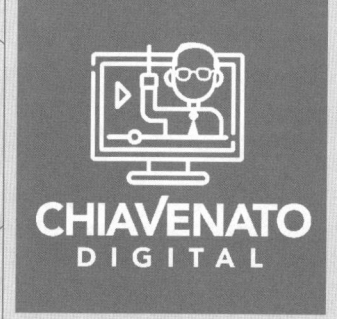

PARA REFLEXÃO
Situações e temas controversos são apresentados para promover a reflexão.

CHIAVENÁRIO
Glossário interativo com as principais terminologias utilizadas pelo autor.

SAIBA MAIS
Conteúdos complementares colaboram para aprofundar o conhecimento.

CHIAVENATO
DIGITAL

EXERCÍCIOS
Ferramentas para estimular a aprendizagem.

TENDÊNCIAS EM GM
Atualidades e novos paradigmas da Administração são apresentados.

CASOS PARA DISCUSSÃO [RECURSO EXCLUSIVO PARA PROFESSORES]
Situações-problema sugerem discussões e aplicações práticas dos conteúdos tratados.

SOBRE O AUTOR

Idalberto Chiavenato é Doutor e Mestre em Administração pela City University Los Angeles (Califórnia, EUA), especialista em Administração de Empresas pela Escola de Administração de Empresas de São Paulo da Fundação Getulio Vargas (FGV EAESP), graduado em Filosofia e Pedagogia, com especialização em Psicologia Educacional, pela Universidade de São Paulo (USP), e em Direito pela Universidade Presbiteriana Mackenzie.

Professor honorário de várias universidades do exterior e renomado palestrante ao redor do mundo, foi professor da FGV EAESP. Fundador e presidente do Instituto Chiavenato e membro vitalício da Academia Brasileira de Ciências da Administração. Conselheiro e vice-presidente de Assuntos Acadêmicos do Conselho Regional de Administração de São Paulo (CRA-SP).

Autor de 48 livros nas áreas de Administração, Recursos Humanos, Estratégia Organizacional e Comportamento Organizacional publicados no Brasil e no exterior. Recebeu três títulos de *Doutor Honoris Causa* por universidades latino-americanas e a Comenda de Recursos Humanos pela ABRH-Nacional.

PREFÁCIO

A Gestão de Materiais (GM) é um dinâmico campo de atividades ligado estreitamente à área de Produção e Operações, tanto que consta normalmente como um capítulo importante de qualquer literatura sobre Gestão da Produção (GP). Na prática, a literatura específica sobre GM é relativamente pequena e envolve quase sempre aspectos estáticos de localização e dimensionamento dentro de abordagens tradicionais, deixando de lado sua movimentação e dinâmica desde o fornecedor de insumos até a entrega do produto acabado (PA) ao consumidor ao final do processo produtivo. A maior parte de seus assuntos está contida nos livros sobre Administração da Produção (AP) ou sobre Planejamento e Controle da Produção (PCP), mas sempre com uma visão relativamente estática ou relacionada aos custos de ter materiais no processo produtivo. Na verdade, trata-se de uma área extremamente complexa e importante, pois sem materiais ou matérias-primas (MP) o processo produtivo não ocorre, uma vez que são essenciais a ele. Ainda mais pelo seu peso nos custos de produção, tanto em termos de valores financeiros envolvidos quanto pelo aspecto temporal, já que o ciclo de produção pode ser reduzido principalmente na dinâmica dos materiais que por ele transitam. Isso sem falar no nível qualitativo necessário a ser conferido ao PA. Todos esses aspectos dependem direta e especialmente da GM.

Apenas recentemente é que a GM emergiu como disciplina autônoma, requerendo técnicas e métodos próprios. É dentro dessa visão que nos permitimos focalizar essa área tão importante na vida das empresas e que lida com um enorme e estratégico patrimônio, o qual requer uma gestão eficiente e eficaz para contribuir para a competitividade dos negócios da empresa.

Nesta quarta edição, substituímos o título *Iniciação à Administração de Materiais* das edições anteriores por *Gestão de Materiais – uma abordagem introdutória*, em função de alterações, acréscimos e atualizações feitas ao longo do texto.

Idalberto Chiavenato
www.chiavenato.com

SUMÁRIO

Capítulo 1
EMPRESAS E SEUS SISTEMAS DE PRODUÇÃO, 1

INTRODUÇÃO, 2

1.1 EMPRESAS E SEUS RECURSOS, 2

1.2 COMPETÊNCIAS ESSENCIAIS, 6

1.3 EMPRESAS COMO SISTEMAS ABERTOS, 7
   1.3.1 Componentes de um sistema, 8
   1.3.2 Tipos de sistemas, 9
   1.3.3 Sistemas e subsistemas, 10
   1.3.4 Eficiência e eficácia, 11

1.4 SISTEMA DE PRODUÇÃO, 13

QUESTÕES PARA REVISÃO, 14

REFERÊNCIAS, 15

Capítulo 2
SISTEMAS DE PRODUÇÃO, 17

INTRODUÇÃO, 17

2.1 SISTEMA DE PRODUÇÃO SOB ENCOMENDA, 21
   2.1.1 Plano de produção sob encomenda, 21
   2.1.2 Arranjo físico da produção sob encomenda, 22
   2.1.3 Previsibilidade da produção sob encomenda, 23

2.2 SISTEMA DE PRODUÇÃO EM LOTES, 23
   2.2.1 Plano de produção em lotes, 24
   2.2.2 Arranjo físico da produção em lotes, 24
   2.2.3 Previsibilidade da produção em lotes, 24

2.3 SISTEMA DE PRODUÇÃO CONTÍNUA, 25
   2.3.1 Plano de produção contínua, 25
   2.3.2 Arranjo físico da produção contínua, 26
   2.3.3 Previsibilidade da produção contínua, 26

QUESTÕES PARA REVISÃO, 27

Capítulo 3
GESTÃO DE MATERIAIS, 29
INTRODUÇÃO, 29

3.1 PRODUTOS/SERVIÇOS, 29
   3.1.1 Produtos, 30
   3.1.2 Serviços, 31

3.2 MATERIAIS, 32
   3.2.1 Fluxo de materiais, 33
   3.2.2 Aspectos básicos do fluxo de materiais, 33

3.3 CLASSIFICAÇÃO DE MATERIAIS, 35
   3.3.1 Matérias-primas, 36
   3.3.2 Materiais em processamento, 36
   3.3.3 Materiais semiacabados, 37
   3.3.4 Materiais acabados, 38
   3.3.5 Produtos acabados, 38

3.4 CONCEITO DE GESTÃO DE MATERIAIS, 39
   3.4.1 Gestão de Materiais, 40
   3.4.2 Suprimentos, 40
   3.4.3 Logística, 41

3.5 ESTRUTURA ORGANIZACIONAL DA GESTÃO DE MATERIAIS, 42

QUESTÕES PARA REVISÃO, 44

REFERÊNCIAS, 45

Capítulo 4
PROGRAMAÇÃO DE MATERIAIS, 47
INTRODUÇÃO, 47

4.1 CONCEITO DE PLANEJAMENTO E CONTROLE DA PRODUÇÃO, 48

4.2 FASES DO PLANEJAMENTO E CONTROLE DA PRODUÇÃO, 49
   4.2.1 Projeto de produção, 50
   4.2.2 Coleta de informações, 51
   4.2.3 Planejamento da Produção, 51
      4.2.3.1 Formulação do plano de produção, 52
      4.2.3.2 Implementação do plano de produção por meio da programação da produção, 54
      4.2.3.3 Execução do plano de produção por meio da emissão de ordens, 55
   4.2.4 Controle da Produção, 57
      4.2.4.1 Controles de quantidade, 57
      4.2.4.2 Controles de qualidade, 58
      4.2.4.3 Controles de tempo, 59
      4.2.4.4 Controles de custo, 59

4.3 PROGRAMAÇÃO DE MATERIAIS, 60

QUESTÕES PARA REVISÃO, 62

Capítulo 5
GESTÃO DE ESTOQUES, 65

INTRODUÇÃO, 65

5.1 CONCEITUAÇÃO DE ESTOQUE, 65
    5.1.1 Estoque de segurança, 66

5.2 CLASSIFICAÇÃO DE ESTOQUES, 67
    5.2.1 Estoques de matérias-primas, 67
    5.2.2 Estoques de materiais em processamento (ou em vias), 67
    5.2.3 Estoques de materiais semiacabados, 68
    5.2.4 Estoques de materiais acabados ou componentes, 68
    5.2.5 Estoques de produtos acabados, 68

5.3 DIMENSIONAMENTO DE ESTOQUES, 69
    5.3.1 Método do consumo do último período, 70
    5.3.2 Método da média móvel, 70
    5.3.3 Método da média móvel ponderada, 71

5.4 PLANEJAMENTO E CONTROLE DE ESTOQUES, 72
    5.4.1 Banco de dados de estoque, 73
    5.4.2 Classificação ABC, 74
    5.4.3 Sistema de duas gavetas, 76
    5.4.4 Sistema dos máximos-mínimos, 77
    5.4.5 Sistema das reposições periódicas, 78
    5.4.6 Planejamento das necessidades de materiais, 79

5.5 AVALIAÇÃO DOS ESTOQUES, 81
    5.5.1 Avaliação pelo custo médio, 81
    5.5.2 Avaliação pelo método PEPS (FIFO), 82
    5.5.3 Avaliação pelo método UEPS (LIFO), 82
    5.5.4 Avaliação pelo custo de reposição, 83

5.6 CUSTOS DE ESTOQUES, 83
    5.6.1 Custo de armazenagem, 83
    5.6.2 Custo do pedido, 85

QUESTÕES PARA REVISÃO, 85

REFERÊNCIA, 87

Capítulo 6
COMPRAS, 89

INTRODUÇÃO, 89

6.1 CONCEITUAÇÃO DE COMPRAS, 89
    6.1.1 Funções de Compras, 90
    6.1.2 Importância de Compras, 90
    6.1.3 Organização de Compras, 90
    6.1.4 Centralização × descentralização de Compras, 90

6.2 SUPRIMENTO, 92

6.3 **CICLO DE COMPRAS, 92**
   6.3.1 Análise das Ordens de Compras recebidas, 93
   6.3.2 Pesquisa e seleção da cadeia de fornecedores, 94
   6.3.3 Negociação com os fornecedores, 96
   6.3.4 Acompanhamento dos pedidos (*follow-up*), 97
   6.3.5 Controle e recebimento do material comprado, 98

6.4 **CADEIA DE SUPRIMENTOS (*SUPPLY CHAIN MANAGEMENT*), 100**

QUESTÕES PARA REVISÃO, 101

REFERÊNCIA, 102

Capítulo 7
ARMAZENAMENTO DE MATERIAIS, 103

INTRODUÇÃO, 103

7.1 **ALMOXARIFADO E DEPÓSITO, 104**
   7.1.1 Almoxarifado, 104
   7.1.2 Depósito, 106

7.2 **ARRANJO FÍSICO (LEIAUTE), 107**
   7.2.1 Leiaute de processo, 107
   7.2.2 Leiaute de produto, 108
   7.2.3 Leiaute estacionário, 108
   7.2.4 Condições básicas do arranjo físico, 108
      7.2.4.1 Itens de estoque, 108
      7.2.4.2 Corredores, 109
      7.2.4.3 Portas de acesso, 109
      7.2.4.4 Empilhamentos ou prateleiras, 110

7.3 **TIPOS DE ESTOCAGEM DE MATERIAIS, 110**
   7.3.1 Estocagem de matérias-primas, 110
   7.3.2 Estocagem intermediária, 110
   7.3.3 Estocagem de produtos acabados, 111

7.4 **TÉCNICAS DE ESTOCAGEM DE MATERIAIS, 111**
   7.4.1 Carga unitária, 112
   7.4.2 Caixas ou gavetas, 113
   7.4.3 Prateleiras, 113
   7.4.4 Raques, 113
   7.4.5 Empilhamento, 113
   7.4.6 *Container* flexível, 114

7.5 **CODIFICAÇÃO DE MATERIAIS, 114**

7.6 **INVENTÁRIO FÍSICO, 118**
   7.6.1 Tipos de inventário, 119
   7.6.2 Planejamento do inventário, 119

QUESTÕES PARA REVISÃO, 121

Capítulo 8
MOVIMENTAÇÃO DE MATERIAIS E LOGÍSTICA, 125
INTRODUÇÃO, 125
- **8.1 CONCEITO DE MOVIMENTAÇÃO DE MATERIAIS, 126**
    - 8.1.1 Finalidades da movimentação de materiais, 126
    - 8.1.2 Princípios básicos para a movimentação de materiais, 128
    - 8.1.3 Decorrências da movimentação de materiais, 128
- **8.2 EQUIPAMENTOS DE MOVIMENTAÇÃO DE MATERIAIS, 129**
    - 8.2.1 Veículos industriais, 129
    - 8.2.2 Transportadores contínuos, 130
    - 8.2.3 Guindastes, talhas e elevadores, 131
    - 8.2.4 *Containers* e estruturas de suporte, 131
    - 8.2.5 Equipamentos diversos e plataformas, 132
- **8.3 CUSTOS DA MOVIMENTAÇÃO DE MATERIAIS, 133**
- **8.4 CONCEITO DE TRANSPORTE, 134**
    - 8.4.1 Transporte rodoviário, 135
    - 8.4.2 Transporte ferroviário, 135
    - 8.4.3 Transporte hidroviário e marítimo, 135
    - 8.4.4 Transporte aeroviário, 136
    - 8.4.5 Transporte intermodal, 136
    - 8.4.6 Escolha das modalidades de transporte, 136
- **8.5 DISTRIBUIÇÃO FÍSICA, 138**
    - 8.5.1 Distribuição direta do produtor ao consumidor, 140
    - 8.5.2 Distribuição por meio de varejistas, 141
    - 8.5.3 Distribuição por meio de atacadistas, 142
- **8.6 GESTÃO DA CADEIA DE ABASTECIMENTO, 142**
- **8.7 LOGÍSTICA, 143**
    - 8.7.1 Decisões logísticas, 145
- **8.8 TECNOLOGIAS UTILIZADAS PELA GESTÃO DE MATERIAIS, 147**
- **8.9 AVALIAÇÃO E CONTROLE DO DESEMPENHO, 147**
- **QUESTÕES PARA REVISÃO, 149**
- **REFERÊNCIAS, 151**

BIBLIOGRAFIA, 153

ÍNDICE ALFABÉTICO, 155

1. EMPRESAS E SEUS SISTEMAS DE PRODUÇÃO

O QUE VEREMOS ADIANTE

- Empresas e seus recursos.
- Competências essenciais.
- Empresas como sistemas abertos.
- Sistema de produção.

No mundo em que vivemos, quase todas as coisas são produzidas por meio de organizações. Tudo o que comemos, vestimos, lemos, usamos em nosso cotidiano, para transporte, higiene, saúde, lazer, trabalho, é feito em organizações. A indústria, o comércio, as universidades e as escolas, os bancos e financeiras, o rádio, a televisão, a imprensa, os hospitais, a igreja, o exército, as repartições públicas, as empresas estatais, os clubes, as polícias etc. são organizações. Há uma enorme e extensa variedade de organizações. Elas são tão numerosas e diversificadas que quase não percebemos sua presença e, sobretudo, sua força e influência em nossas vidas. Nós vivemos, nascemos, aprendemos e trabalhamos nelas; nos divertimos nelas e até para morrer dependemos delas. Em qualquer lugar que estejamos, certamente estaremos dependendo delas. Até quando tiramos nossas férias para descansar de alguma organização é quase certo que estaremos em outra ou em outras organizações. Por essas razões, o homem moderno é chamado de homem organizacional, pois ele é incapaz de viver fora de alguma organização.

Aumente seus conhecimentos sobre **A Administração das organizações** na seção *Saiba mais GM 1.1*

INTRODUÇÃO

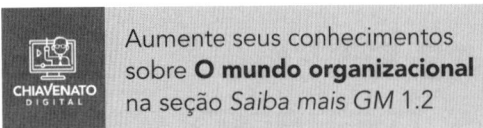
Aumente seus conhecimentos sobre **O mundo organizacional** na seção *Saiba mais GM 1.2*

As organizações não existem ao acaso. Elas existem para produzir alguma coisa para a sociedade. A produção é o objetivo fundamental de toda e qualquer organização. Não existe organização para nada produzir.

As empresas constituem um tipo especial de organização. Na verdade, as empresas são organizações sociais porque são compostas de pessoas que trabalham em conjunto para atingir determinados objetivos. Definindo melhor, as empresas são organizações sociais que utilizam determinados recursos e competências para atingir determinados objetivos econômicos ou sociais. As empresas exploram determinado negócio visando alcançar determinada finalidade. Esta pode ser o lucro ou simplesmente o atendimento de determinadas necessidades da sociedade (como nas empresas não lucrativas), sem a preocupação com o lucro. Contudo, as empresas sempre existem para produzir algo.

1.1 EMPRESAS E SEUS RECURSOS

Toda produção depende da existência conjunta de certos componentes indispensáveis. No decorrer da Era Industrial, esses componentes eram tradicionalmente denominados fatores de produção: natureza, capital e trabalho, integrados por um quarto fator denominado empresa. Para os economistas, todo processo produtivo se fundamenta na conjunção desses quatro fatores de produção.

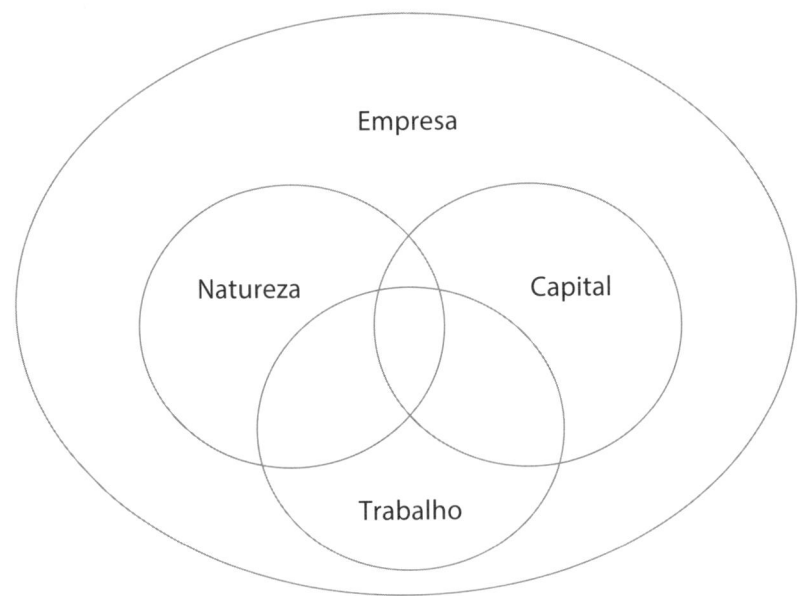

Figura 1.1 Quatro fatores tradicionais de produção.

Cada um dos quatro fatores de produção tem uma função específica:

1. **Natureza**: fator de produção que fornece as entradas e os insumos necessários à produção, como matérias-primas (MP), materiais, energia etc.
2. **Capital**: fator de produção relacionado com o dinheiro necessário para adquirir os insumos e pagar as despesas e os custos relacionados com a produção. O capital representa o fator que permite meios para comprar, adquirir e utilizar os demais fatores de produção.
3. **Trabalho**: fator de produção constituído pela atividade humana que processa e transforma os insumos, por meio de operações manuais ou de máquinas e ferramentas, em produtos acabados (PA) ou serviços prestados. O trabalho representa o fator de produção que atua sobre os demais, isto é, que aciona e agiliza os outros fatores de produção. É comumente denominado mão de obra, porque se refere principalmente ao operário manual ou braçal que realiza as operações físicas sobre as MP, com ou sem o auxílio de máquinas, equipamentos ou tecnologias.
4. **Empresa**: fator integrador capaz de aglutinar a natureza, o capital e o trabalho em um conjunto harmonioso que permite que o resultado alcançado seja muito maior do que a soma dos fatores aplicados no negócio. A empresa constitui o sistema que aglutina e coordena todos os fatores de produção envolvidos, fazendo com que o resultado do conjunto supere o resultado que teria cada fator isoladamente. Isso significa que a empresa tem um efeito multiplicador, capaz de proporcionar um ganho adicional, que é o lucro. Mais adiante, ao falarmos de sistemas, teremos a oportunidade de conceituar esse efeito multiplicador, também denominado efeito sinergístico ou sinergia.

Modernamente, esses fatores de produção costumam ser denominados recursos empresariais. Um recurso é um meio pelo qual a empresa realiza suas operações. Na realidade, a empresa aplica recursos para produzir bens ou serviços e obter lucro, por intermédio do efeito multiplicador da sinergia. Os principais recursos empresariais são: recursos materiais, recursos financeiros, recursos humanos, recursos mercadológicos e recursos administrativos. Vejamos cada um deles.

- **Recursos materiais**: são também denominados recursos físicos e englobam todos os aspectos materiais e físicos que a empresa utiliza para produzir, como prédios, edifícios, fábricas, instalações, máquinas, equipamentos, ferramentas, utensílios, MP, materiais etc. Constituem um recurso empresarial que ultrapassa o conceito do fator de produção denominado natureza, pelo fato de ser muito mais amplo e envolver insumos diretamente relacionados com a atividade empresarial.
- **Recursos financeiros**: constituem todos os aspectos relacionados com o dinheiro utilizado pela empresa para financiar suas operações. É mais amplo do que o fator de produção denominado capital, pois, além do capital próprio, engloba toda forma de dinheiro – próprio ou de terceiros –, crédito, financiamento, para garantir as operações da empresa.
- **Recursos humanos**: constituem toda forma de atividade humana dentro da empresa. Ultrapassa o conceito do fator de produção denominado trabalho, pois enquanto este se refere especificamente à mão de obra – a atividade manual ou braçal exercida pelo

homem no processo produtivo –, os recursos humanos se referem a toda e qualquer atividade humana, seja ela mental, conceitual, verbal, decisória, social, como também manual e braçal.

- **Recursos mercadológicos**: constituem toda atividade voltada para o atendimento do mercado de clientes e consumidores da empresa. Os recursos mercadológicos compreendem todo o esquema de marketing ou de comercialização da empresa, como produção, propaganda, vendas, assistência técnica etc.
- **Recursos administrativos**: constituem o esquema administrativo e gerencial da empresa, desde o nível de diretoria até a gerência das atividades empresariais.

Cada um desses recursos empresariais é administrado por uma especialidade da administração: Administração da Produção, Administração Financeira, Administração de Pessoal, Administração Mercadológica ou Comercial e Administração Geral, respectivamente. A Figura 1.2 é bem representativa dos recursos e de sua administração dentro da empresa.

Figura 1.2 Recursos empresariais e sua administração.

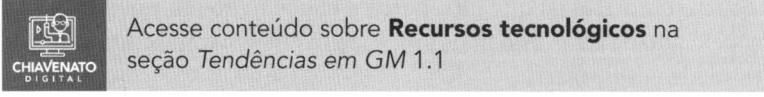

Acesse conteúdo sobre **Recursos tecnológicos** na seção *Tendências em GM 1.1*

De acordo com essa colocação, existem cinco áreas principais dentro da empresa:

1. **Produção ou operações**: é a área que processa os materiais e as MP e os transforma em PA ou em serviços prestados. Nas empresas industriais, a produção ocorre dentro da fábrica ou da oficina, enquanto nas empresas prestadoras de serviços, a produção – também denominada operações – é realizada nos escritórios, nos balcões das lojas ou das agências bancárias, na área dos supermercados ou em *shopping centers* etc.

2. **Finanças**: é a área que administra o dinheiro da empresa, seja na forma de caixa, movimentação bancária, créditos, financiamentos, investimentos etc. No fundo, a Gestão Financeira (GF) transforma as entradas de dinheiro em pagamentos de materiais, insumos, serviços de terceiros, salários, encargos sociais, impostos, aluguéis assegurando a viabilidade do negócio etc.
3. **Pessoas**: é a área que cuida dos recursos humanos empregados na empresa. As pessoas estão presentes em todas as áreas e em todos os níveis da empresa e participam não apenas fazendo coisas, mas também analisando, solucionando problemas, criando e inovando, tomando decisões e proporcionando uma diversidade de competências à empresa.
4. **Mercado**: é a área que geralmente recebe o nome de Marketing ou de Comercialização e cuida da colocação dos produtos ou serviços produzidos pela empresa no mercado de clientes ou consumidores. O marketing assegura que os produtos ou serviços estejam adequados ao mercado em termos de características, embalagem, preço, venda, distribuição e satisfação do cliente. São os meios pelos quais o produto ou serviço é entregue ao consumidor final ou ao usuário que dele necessita.
5. **Empresa**: liderada pela alta direção da empresa, tendo no topo seu Presidente e demais diretores, que cuidam da sua administração geral.

A área de Gestão de Materiais (GM) – como veremos adiante – é parte integrante da Gestão da Produção (GP). Em outras palavras, a GM costuma ser colocada como uma especialidade da GP, uma vez que os materiais e as MP também são incluídos nos recursos materiais.

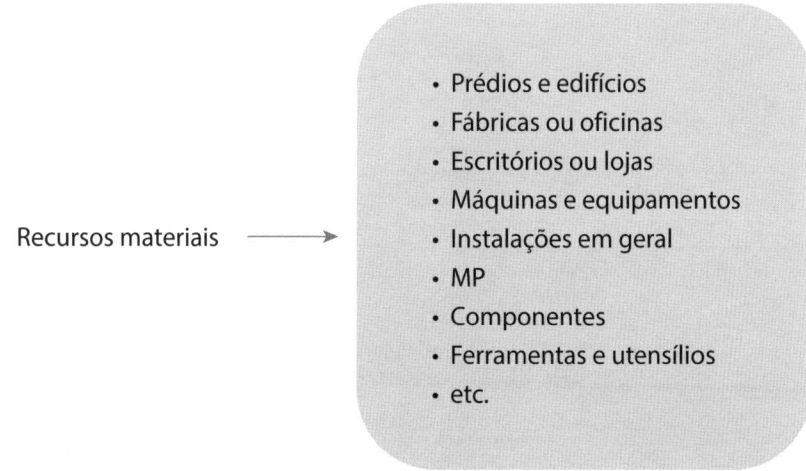

Figura 1.3 Principais recursos materiais da empresa.

No decorrer deste livro, daremos ênfase aos recursos materiais, mas deixaremos de lado uma parte deles – como prédios, edifícios, fábricas, oficinas, escritórios, balcões de atendimento ao público, máquinas, equipamentos, ferramentas, utensílios etc. Dedicaremos nossa atenção especificamente aos recursos materiais que ingressam e fazem parte do processo produtivo das empresas. Mas antes veremos como os materiais são administrados dentro dos sistemas de produção das empresas.

1.2 COMPETÊNCIAS ESSENCIAIS

Os recursos são coisas estáticas, inertes, passivas e sem vida própria. Falta-lhes também inteligência. São sistemas físicos e concretos. Os recursos precisam ser administrados de maneira rigorosa para que possam ser bem utilizados. E sua administração depende de certas competências básicas. Toda empresa precisa reunir certas competências básicas para bem utilizar e aplicar seus recursos.

O que faz uma empresa ser bem-sucedida, crescer, inovar e ser admirada? Certamente, não são apenas seus recursos. Sabemos que eles são inanimados e estáticos, inertes e sem vida. Precisam ser manipulados, utilizados e administrados. Então como uma empresa alcança sucesso e torna-se melhor do que as outras, mesmo utilizando os mesmos recursos? Essa é uma questão que depende de suas competências essenciais (*core competences*). As competências essenciais constituem uma qualidade intangível da organização que a leva a fazer as coisas melhor do que as concorrentes. As competências constituem o aspecto que distingue uma organização excelente das demais. Existem empresas que são competentes em logística (Walmart). Outras que são excelentes em localizar e explorar nichos de mercado (Casas Bahia). Outras são conhecidas pela qualidade do produto (Mercedes Benz, Audi, BMW). Outras se destacam pela excelência operacional em seus processos internos (Toyota). Há aquelas que inovam e se distanciam das outras (Apple). O segredo está em reunir as competências distintivas que fazem da empresa um negócio melhor do que as demais do mercado. Algumas empresas são excelentes em produzir, outras em vender, outras em financiar, outras em informar, outras em educar.

Figura 1.4 Quatro níveis de competências de uma empresa.

As competências dependem das pessoas que nelas trabalham, do grau de profissionalização, conhecimentos, habilidades e atitudes. As competências decorrem daquilo que se poderia chamar de inteligência organizacional: a maneira de gerir o negócio e utilizar os recursos disponíveis. Isso inclui necessariamente a Administração de Materiais (AM), um dos segredos que está por trás do sucesso empresarial.

> **PARA REFLEXÃO**
>
> **Competências essenciais e a aprendizagem**
>
> Vamos supor que a empresa na qual trabalha entrou em férias coletivas em todos os seus setores. Agora, imagine que, ao entrar em férias, você esqueceu de levar seu computador e teve que retornar no dia seguinte. O que deve ter presenciado ao chegar na empresa? Um prédio sem vida, equipamentos desligados e corredores sem movimentos. Deve ter sentido falta daquele burburinho dos colegas falando, das reuniões etc. Quando falamos em **empresa**, damos uma conotação de "pessoa", como se tivesse vida própria. Na realidade, a empresa é **formada** por pessoas, ela **não** é uma pessoa no sentido humano da palavra. Ela sozinha não tem cérebro nem vida. As pessoas é que tomam decisões, contratam, demitem, montam estratégias e aprendem. Ou seja, para a competência ser considerada essencial, ela depende desse processo de aprendizagem, que parte dos indivíduos e dos grupos que lá se formam. Essas competências estão associadas ao processo de inovação, do descobrimento, da aprendizagem do capital humano. Fleury e Fleury[1] defendem que as estratégias institucionais, para serem implementadas, dependem da definição das competências essenciais, que para serem formadas necessitam de um processo permanente de aprendizagem. Esses pesquisadores ainda reforçam o conceito de que as competências essenciais, além de agregarem valor econômico para a empresa, também agregam valor social para as pessoas, pois, ao mesmo tempo em que elas desenvolvem as competências essenciais para a organização, estão investindo nelas mesmas, ampliando e melhorando suas competências individuais.

1.3 EMPRESAS COMO SISTEMAS ABERTOS

Sistema é um conjunto de partes inter-relacionadas que existe para atingir determinado objetivo. Cada parte do sistema pode ser um órgão, um departamento ou um subsistema. Todo sistema é, portanto, constituído de vários subsistemas, os quais podem receber diferentes denominações. Por outro lado, todo sistema é parte integrante de um sistema maior – o macrossistema ou suprassistema. Dependendo do ponto de vista, a empresa constitui um sistema composto de vários subsistemas (departamentos, divisões ou seções), fazendo parte de um sistema maior ou macrossistema (a sociedade na qual está inserida).

Assim, todo sistema pode ser considerado um subsistema de um sistema maior ou um macrossistema constituído de vários sistemas, de acordo com o interesse da focalização. Na realidade, as empresas – assim como todos os organismos vivos – funcionam como sistemas. Os sistemas vivem em ambientes ou meios ambientes. Ambiente é tudo aquilo que envolve externamente um sistema.

1.3.1 Componentes de um sistema

Todo sistema apresenta os seguintes componentes: entradas, processador, saídas e retroação. Vejamos o que significam esses componentes do sistema.

- **Entradas**: constituem tudo aquilo que ingressa para dentro do sistema e que provém do meio ambiente. As entradas (*inputs*) são os insumos que o sistema obtém do ambiente para poder funcionar. Os principais exemplos de **entradas** são: energia, informação, MP, ou seja, todo e qualquer recurso que alimente o sistema.
- **Processador**: é o processamento (*throughput*) ou transformação que o sistema realiza sobre as entradas para proporcionar as saídas. O **processador** constitui o próprio funcionamento interno do sistema. É no processador que estão os vários subsistemas trabalhando dentro de relações de interdependência.
- **Saídas**: constituem tudo aquilo que sai do sistema para o ambiente. As saídas (*outputs*) são os resultados ou produtos do sistema que são colocados no ambiente. Os principais exemplos de saídas são: os PA ou os serviços prestados que a empresa oferece ao ambiente, os lucros das operações e os tributos pagos ao governo, ou seja, tudo que é produzido pela empresa como resultado de seu processamento ou de suas operações.
- **Retroação**: é a influência das saídas do sistema sobre suas entradas, no sentido de ajustá-las ou regulá-las para manter o funcionamento do sistema. A retroação (*feedback*) ou realimentação é um mecanismo de equilíbrio do sistema para que ele possa funcionar dentro de certos limites de operação. Assim, existem dois tipos de retroação: a positiva e a negativa.
  - A retroação positiva acelera ou aumenta as entradas para equilibrá-las com as saídas, quando estas são maiores. É o caso em que as vendas crescem e os suprimentos devem ser aumentados para ajustar as vendas.
  - A retroação negativa retarda ou diminui as entradas para equilibrá-las com as saídas, quando estas são menores. É o caso em que as vendas caem e os suprimentos devem ser diminuídos para ajustar as vendas.

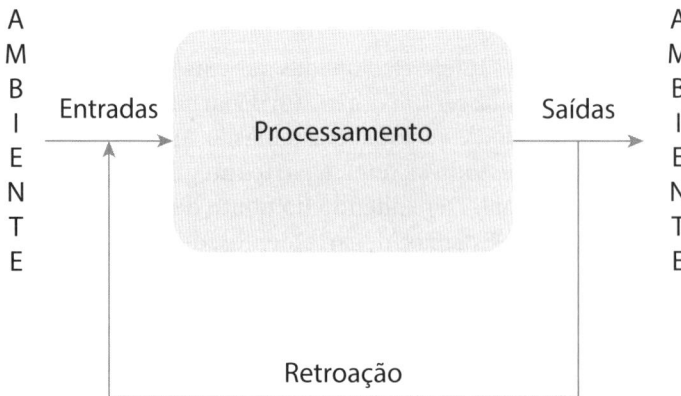

Figura 1.5 Principais componentes de um sistema.

Assim, as empresas funcionam como sistemas, obtendo do ambiente os recursos necessários ao seu funcionamento, processando-os por meio dos seus subsistemas e devolvendo ao ambiente na forma de produtos ou serviços para a utilização dos clientes. À medida que a empresa coloca no ambiente os resultados de suas operações, ocorre a retroação no sentido de dar informação de retorno necessária para regular as entradas às saídas, a fim de manter o sistema em um estado de equilíbrio constante.

1.3.2 Tipos de sistemas

Quanto à sua constituição, os sistemas podem ser classificados em sistemas físicos ou concretos e sistemas conceituais ou abstratos.

- **Sistemas físicos ou concretos**: também denominados *hardware*, são constituídos de coisas físicas e concretas, como máquinas, equipamentos, instalações, materiais etc. Ocupam espaço e são tangíveis.
- **Sistemas conceituais ou abstratos**: também denominados *software*, são constituídos de conceitos, ideias, abstrações, teorias, programas, políticas e procedimentos. Em geral, são virtuais e intangíveis.

Na verdade, os sistemas físicos precisam de sistemas conceituais para funcionar e operar, enquanto os sistemas conceituais necessitam de sistemas físicos para se expressar.

Quanto ao seu funcionamento, os sistemas podem ser classificados em dois tipos básicos: sistemas fechados e sistemas abertos.

1. **Sistemas fechados**: funcionam dentro de relações predeterminadas de entradas e de saídas (causa e efeito ou estímulo e reação) e mantêm um intercâmbio também predeterminado com o ambiente externo. Determinadas entradas produzem determinadas saídas, como é o caso de máquinas e equipamentos: um volume de entradas de MP produz uma quantidade de saída de PA; determinada voltagem de entrada produz determinado volume de rotações por minuto no motor. Por isso, os sistemas fechados são também chamados sistemas mecânicos ou determinísticos, pois suas relações de entradas/saídas podem ser equacionadas matematicamente. Além do mais, os sistemas fechados têm poucas entradas e poucas saídas, que são bem conhecidas e determinadas. Todos os mecanismos tecnológicos – como computador, máquinas, motores etc. – são sistemas fechados ou mecânicos. Outro aspecto muito conhecido desses sistemas é que eles alcançam seus objetivos de uma única e exclusiva maneira. A tecnologia procura fazer com que essa seja a melhor maneira possível.

2. **Sistemas abertos**: são muito mais complicados, pois estão em constante interação com seu meio ambiente. Eles funcionam dentro de trocas e relações de entradas e de saídas (relações de causa e efeito ou de estímulo e reação) desconhecidas e indeterminadas e mantêm um intercâmbio intenso, complexo e indeterminado com o ambiente externo. Em geral, os sistemas abertos têm uma infinidade de entradas e de saídas que não são bem conhecidas nem determinadas, o que provoca a complexidade e a dificuldade de mapear o sistema. Por isso, os sistemas abertos são também chamados sistemas orgânicos ou probabilísticos, pois suas relações de entradas e saídas estão sujeitas à probabilidade, e não à certeza. Todos os sistemas vivos – seres humanos, organismos vivos, empresas,

organizações sociais etc. – são exemplos de sistemas abertos. Outro importante aspecto dos sistemas vivos é que eles podem alcançar seus objetivos por diferentes maneiras. É o que os biólogos denominam equifinalidade. A equifinalidade mostra o quanto os sistemas abertos são flexíveis e adaptáveis a diferentes circunstâncias ambientais.

1.3.3 Sistemas e subsistemas

Todo sistema é constituído de vários subsistemas. As saídas de cada subsistema constituem as entradas de outros subsistemas, de modo que cada subsistema se torna dependente dos demais. Também as entradas de um subsistema dependem das saídas de outros subsistemas, e assim por diante. Essas interrelações de saídas/entradas entre as partes são as comunicações ou interdependências que ocorrem dentro do sistema. Em todo sistema, há uma complexa rede de comunicações entre os subsistemas. As interdependências entre os subsistemas fazem com que o sistema sempre funcione como uma totalidade. Quanto mais intensa a rede de comunicações, mais coeso e integrado será o sistema, a ponto de seu funcionamento total ser maior do que a soma de suas partes. É o que se denomina sinergia. A **sinergia** é um efeito multiplicador, em que as partes (os subsistemas) se auxiliam mutuamente para que o resultado global seja amplificado. Por outro lado, quanto mais frágil for a rede de comunicações, mais solto é o sistema, a ponto de seu funcionamento global ser menor do que a soma das partes. É o que se denomina **entropia**. Além do mais, a entropia faz com que o sistema se desintegre gradativamente, perdendo energia e substância, até se esvair.

 SAIBA MAIS **Para não esquecer do conceito de sistema aberto**

A Teoria Geral dos Sistemas (TGS) originou-se a partir dos estudos do biólogo Ludwig von Bertalanffy. A TGS propõe que os sistemas devem ser estudados em uma visão holística e não fragmentada. Assim como o ser humano, formado por diversos subsistemas que formam o sistema maior, que é o corpo humano, as organizações são compostas por diversos componentes que são interagentes e interdependentes. No caso do corpo humano, quando olhamos um subsistema individualmente, observamos seu funcionamento como sendo um sistema que compõe o todo. Quando esse sistema fica doente e não é devidamente curado, ele pode levar à falência dos demais, ocasionando a morte do corpo. O mesmo ocorre com a organização. Quando um dos componentes está com problemas e não é analisado de forma holística e os problemas não são corrigidos, poderá afetar outros componentes da organização, trazendo prejuízos, podendo levá-la à falência. Exemplo: suponha que uma área responsável pelo relacionamento não esteja conseguindo reter os clientes, porém nada é feito. Com certeza, haverá impacto nas receitas, que, por consequência, impactará em investimentos e na gestão da empresa de forma geral, inclusive na AM. Aparentemente óbvio, esse conceito, muitas vezes, é ignorado por gestores que buscam somente defender seu "feudo", em detrimento do todo.

1.3.4 Eficiência e eficácia

As empresas constituem sistemas abertos em constante e complexo intercâmbio com seu ambiente externo. Elas obtêm recursos do ambiente por meio de suas entradas, processam e transformam esses recursos internamente e os devolvem por meio de suas saídas como produtos ou serviços. As saídas constituem o resultado desse processamento e transformação de recursos. A relação de entradas e saídas fornece a indicação da eficiência do sistema. Isso significa que quanto maior o volume de saídas em relação a determinado volume de entradas, mais eficiente será o sistema. Por outro lado, a eficácia do sistema reside na relação entre suas saídas e os objetivos que o sistema pretende alcançar. Isso significa que à medida que suas saídas ou resultados alcançarem os objetivos propostos, mais eficaz será o sistema.

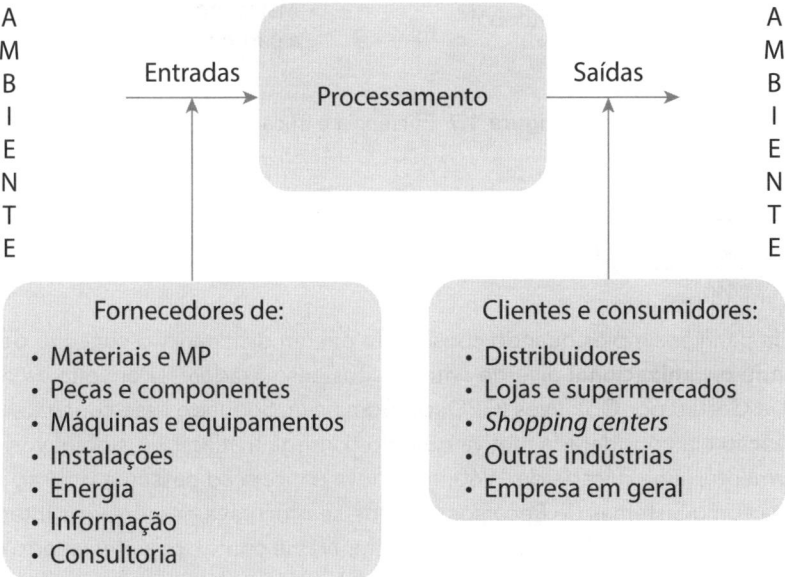

Figura 1.6 Sistema e suas relações de entradas e saídas.

Há uma enorme diferença entre eficiência e eficácia. Eficiência significa a utilização adequada dos recursos empresariais, enquanto eficácia significa o alcance dos objetivos propostos pela empresa. Vimos que a eficiência está ligada aos meios – métodos, normas, procedimentos, programas –, enquanto a eficácia está ligada aos fins – objetivos que se pretende alcançar. A eficiência reside em fazer as coisas corretamente, enquanto a eficácia reside em fazer as coisas que são importantes para alcançar os objetivos propostos. Vemos também que nem sempre a eficiência e a eficácia caminham juntas. Uma empresa pode não ser eficiente e pode alcançar eficácia, embora esta fosse bem melhor se acompanhada de alguma eficiência. O ideal é ser uma empresa eficiente e eficaz ao mesmo tempo. A eficiência e a eficácia são aspectos importantes do sucesso das empresas. As empresas bem-sucedidas são aquelas que alcançam níveis excelentes de eficiência e de eficácia. A eficiência e a eficácia são aspectos que devem balizar conjuntamente o trabalho da AM.

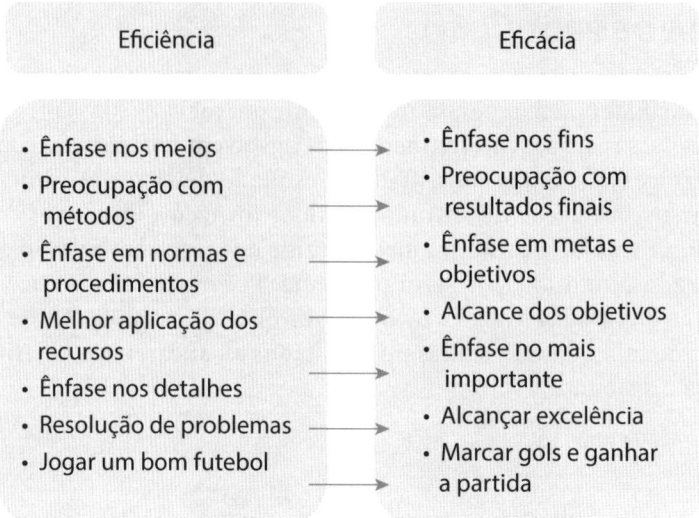

Figura 1.7 Eficiência e eficácia.[2]

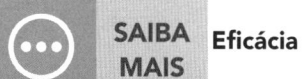 **Eficácia**

Apesar de parecer simples quando consultado em um dicionário, o conceito de **efetividade organizacional** diverge entre muitos pesquisadores. Por volta da década de 1950, a Gestão por Objetivos (GPO) predominava. Segundo esse conceito, a organização era considerada efetiva quando conseguia atingir seus objetivos. Posteriormente, já na década de 1960, uma nova concepção passou a vigorar, conhecida como Sistemas de Recursos, em que se procurava determinar a interação que a organização mantinha com seu ambiente. Nesse contexto, a efetividade era definida pela habilidade da organização em explorar os recursos escassos e valiosos. A partir da visão de que a empresa é um sistema aberto e, portanto, interage com o meio, houve a interação da efetividade com o conceito de sistema aberto, ou seja, uma organização seria cada vez mais efetiva quanto maior fosse sua habilidade em obter do ambiente externo os recursos necessários para a realização de suas atividades e atingimento de seus objetivos. Todavia, você pode perceber que, independentemente da abordagem que se dá sobre o significado de efetividade, o ponto em comum que existe entre as diversas correntes é a de que uma organização é cada vez mais efetiva quanto maior for sua habilidade em alcançar suas metas e objetivos.[3]

1.4 SISTEMA DE PRODUÇÃO

Imaginemos uma indústria (empresa secundária) que se dedica à produção de peças plásticas como um macrossistema. Para seu funcionamento concorrem vários sistemas: o comercial, o financeiro, o humano e o de produção. Focalizando especificamente o sistema de produção, vamos encontrar os subsistemas (ou seções) representados pela Figura 1.8.

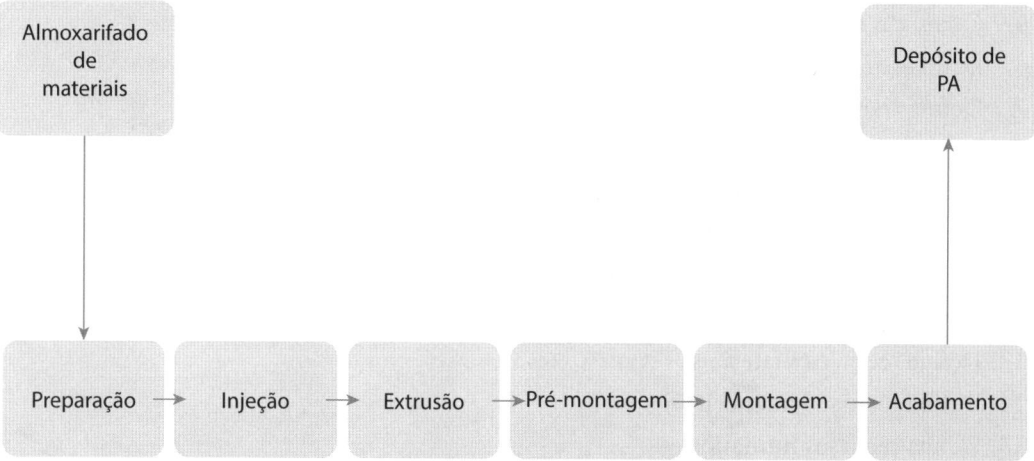

Figura 1.8 Sistema de produção de uma indústria de plásticos.

No sistema de produção da Figura 1.8, cada subsistema tem suas entradas e suas saídas, de tal modo que as saídas de um subsistema constituem as entradas do subsistema seguinte, e assim por diante. Existe uma interdependência entre os diversos subsistemas, fazendo com que cada subsistema dependa do outro para poder funcionar e dar continuidade ao processo produtivo. Nesse exemplo, à medida que a MP caminha de uma seção para a outra, é gradativamente processada e transformada, recebendo acréscimos e alterações como resultado do trabalho de cada seção. Em geral, o sistema de produção é um processo linear por meio do qual os materiais são processados até que sejam transformados em componentes ou em produtos finais. Contudo, o processo produtivo não é tão simples e depende muito da qualidade e adequação dos materiais utilizados. Aqui entra a AM.

Da mesma forma, ocorre também uma interdependência entre os diversos sistemas. A empresa – como um sistema aberto – é influenciada pelos vários outros sistemas ao seu redor – como empresas fornecedoras de materiais e de serviços – para garantir suas entradas, e de outros sistemas – como os clientes e os consumidores – para garantir suas saídas. Obviamente, esgueirando-se das empresas concorrentes ou lutando contra elas e balizando suas operações pelas agências reguladoras e pela legislação vigente.

QUESTÕES PARA REVISÃO

1. O que são organizações?
2. Para que servem as organizações?
3. O que são empresas?
4. Defina fatores de produção.
5. Quais são os fatores de produção?
6. Defina natureza como fator de produção.
7. Defina trabalho como fator de produção.
8. Defina capital como fator de produção.
9. Defina empresa como fator de produção.
10. O que é efeito multiplicador de sinergia?
11. Como são denominados modernamente os fatores de produção?
12. Defina recursos empresariais.
13. Defina recursos materiais.
14. Defina recursos financeiros.
15. Defina recursos humanos.
16. Defina recursos mercadológicos.
17. Defina recursos administrativos.
18. Explique como os recursos empresariais são administrados.
19. Explique a Administração da Produção.
20. Explique a Administração Financeira.
21. Explique a Administração de Pessoal ou de Recursos Humanos.
22. Explique a Administração Mercadológica ou Marketing.
23. Explique a Administração Geral.
24. Explique a Produção ou Operações.
25. Explique as finanças da empresa.
26. Explique o pessoal.
27. Explique o mercado.
28. Explique a empresa.
29. Conceitue recursos materiais.
30. O que é sistema?
31. Quais são os componentes de um sistema?
32. Conceitue entradas ou *inputs*.
33. Conceitue processador ou processamento.
34. Conceitue saídas ou *outputs*.
35. Conceitue retroação.

36. Explique a retroação positiva e a retroação negativa.
37. Como funciona um sistema?
38. Como podem ser classificados os sistemas?
39. Conceitue sistema fechado ou mecânico.
40. Conceitue sistema aberto ou orgânico.
41. Explique o sistema, o macrossistema e os subsistemas.
42. Conceitue empresa como um sistema aberto.
43. O que é ambiente?
44. Conceitue eficiência.
45. Conceitue eficácia.
46. Compare eficiência e eficácia.

REFERÊNCIAS

1. FLEURY, M. T. L.; FLEURY, A. Construindo o conceito de competência. *RAC*, Edição Especial 200, p. 183-196.
2. CHIAVENATO, I. *Iniciação à Administração Geral*. Rio de Janeiro: Elsevier/Campus, 2004. p. 67.
3. FERNANDES, M. N.; BARALE, R. F.; SANTOS, T. R. C.; COSTA, T. P. A.; GOMIDE JUNIOR, S. Percepção de efetividade organizacional: construção e validação de uma medida do construto. *Rpot*, v. 7, n. 2, p. 115-132, julho-dezembro 2007. Disponível em: https://periodicos.ufsc.br/index.php/rpot/article/view/1925/5419. Acesso em: 07 ago. 2021.

2 SISTEMAS DE PRODUÇÃO

O QUE VEREMOS ADIANTE

- Sistema de produção sob encomenda.
- Sistema de produção em lotes.
- Sistema de produção contínua.

A empresa – como um complexo macrossistema – envolve vários sistemas em seu interior, e cada um deles depende de subsistemas. A seguir, passaremos a analisar o sistema de produção como nosso foco principal de atenção. A produção funciona como um sistema aberto dentro desse macrossistema que é a empresa, que também é constituída de entradas, processamento, saídas e retroação.

INTRODUÇÃO

Dentro do sistema de produção também existem interdependências entre os demais sistemas da empresa, como marketing e vendas, finanças, recursos humanos, tecnologia etc. Na verdade, o sistema de produção interage com os demais sistemas da empresa:

- **Depende de marketing e vendas**: para receber a previsão de vendas com as quantidades de produtos a serem entregues ao mercado ao longo dos meses.
- **Depende de finanças**: para efetuar os pagamentos das compras de insumos necessários à produção.
- **Depende de recursos humanos**: para compor as várias equipes de produção com as pessoas necessárias ao trabalho.
- **Depende de tecnologia**: para adequar continuamente o processo produtivo ao desenvolvimento tecnológico.
- **Depende da área de suprimento**: para a aquisição de matérias-primas (MP), componentes e equipamentos necessários ao processo produtivo.

Essa interdependência e mutualidade pode ser melhor entendida por meio do gráfico apresentado na Figura 2.1.

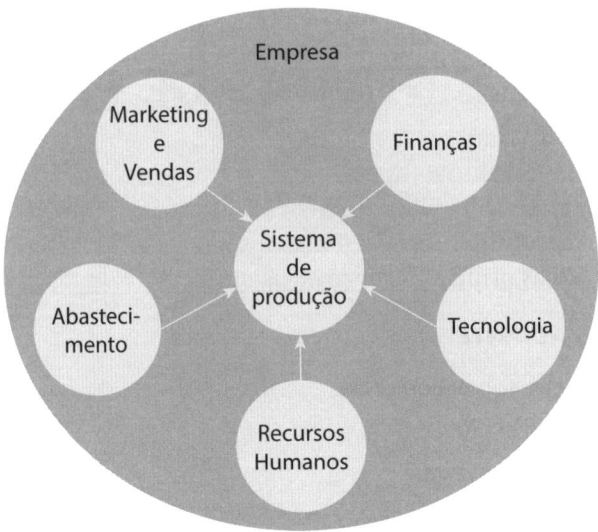

Figura 2.1 Interdependências do sistema de produção.

Cada empresa adota determinado sistema de produção para realizar suas operações e produzir seus produtos ou serviços da melhor maneira possível, a fim de assegurar sua eficiência e eficácia. O sistema de produção é a maneira pela qual a empresa organiza seus órgãos e realiza suas operações de produção, adotando uma interdependência lógica entre todas as etapas do processo produtivo, desde o momento em que os materiais chegam dos fornecedores para o almoxarifado até alcançarem o depósito como produtos acabados (PA). A Figura 2.2 representa a dinâmica desse funcionamento.

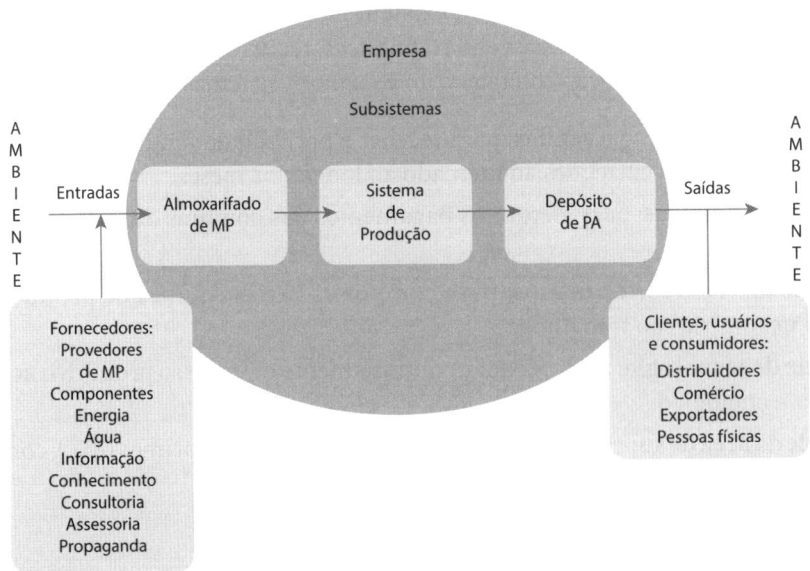

Figura 2.2 As interdependências entre os subsistemas do sistema de produção.

Capítulo 2 – Sistemas de Produção

Para que a produção possa acontecer, as entradas e os insumos provenientes dos fornecedores externos ingressam no sistema de produção por meio do almoxarifado de MP, sendo ali estocados até sua eventual

> Aumente seus conhecimentos sobre **O ciclo de produção** na seção *Saiba mais GM 2.1*

utilização no processo produtivo. A produção processa e transforma os materiais e as MP em PA, os quais são estocados no depósito de PA até sua entrega aos clientes e consumidores. A interdependência entre o almoxarifado, a produção e o depósito é muito estreita, fazendo com que qualquer alteração em um deles provoque influências sobre os demais. Eles constituem os três subsistemas do sistema de produção intimamente inter-relacionados e interdependentes, cujas principais funções são apresentadas na Figura 2.3.

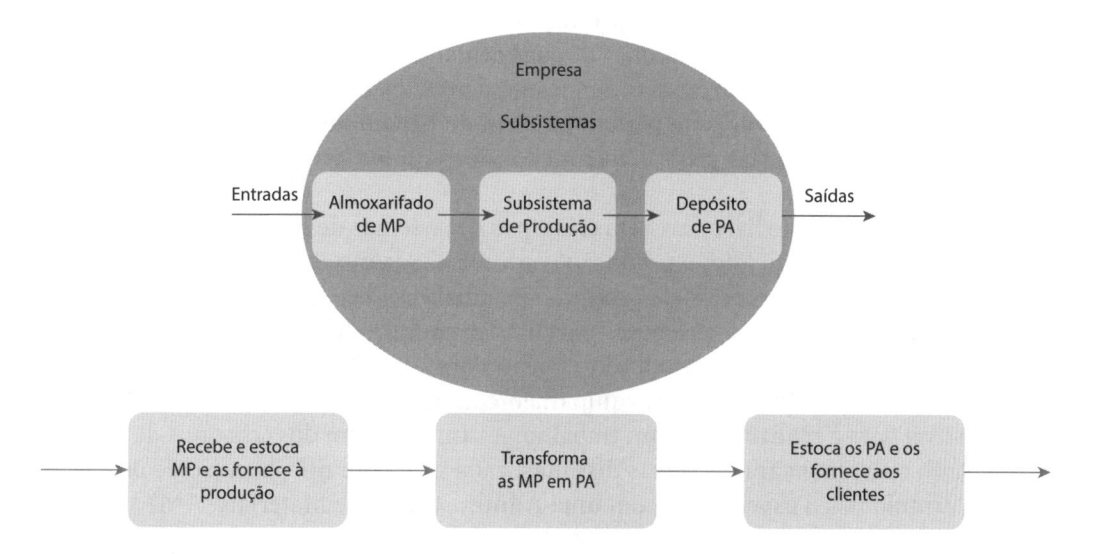

Figura 2.3 Interdependência entre os três subsistemas do sistema de produção.

Para funcionar adequadamente, o sistema de produção precisa ajustar e balancear os três subsistemas entre si: almoxarifado, produção e depósito. Todos eles devem funcionar dentro do mesmo compasso, obedecendo ao mesmo ritmo e cadência.

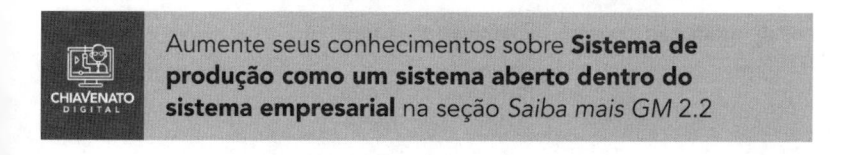

> Aumente seus conhecimentos sobre **Sistema de produção como um sistema aberto dentro do sistema empresarial** na seção *Saiba mais GM 2.2*

Em modelos modulares, a questão fundamental é a coordenação entre empresas compradoras e fornecedoras, pois em seu conceito os parceiros trabalham dentro da planta da montadora, em seus respectivos módulos. É de responsabilidade do parceiro a montagem do módulo e a conexão desse módulo na linha de montagem final. Cada parceiro deve prover recursos materiais, peças e subconjuntos necessários na montagem, bem como os recursos humanos que atendam às necessidades e aos objetivos de qualidade estabelecidos pela montadora.

A montadora é responsável pelo planejamento do produto, pelo marketing, pelas vendas e pós-vendas, pelo desenvolvimento do produto e pela liberação final do produto e aprovação do planejamento de sistemas de qualidade de cada módulo e da fábrica como um todo.

Como principais vantagens, o consórcio modular permite a redução nos custos de produção e investimentos. Diminui ainda os estoques e o tempo de produção, aumentando a eficiência e a produtividade, além de tornar mais flexível a montagem.

A integração dos parceiros no processo produtivo permite o entendimento das implicações de seus serviços no produto final, contribuindo com soluções para a melhoria da produtividade, a redução de custos e o aumento da qualidade.

O modelo modular então vai adiante da mera terceirização, delegando a fornecedores a responsabilidade pela engenharia e produção de submontagens internas. Fornecedores projetam um módulo, fazendo algumas de suas centenas de peças e terceirizando outras. Eles estabelecem operações próximas ou mesmo dentro da operação da montadora e entregam módulos de forma correta para montagem do produto final, em que funcionários da empresa montadora ou do próprio fornecedor de módulos "parafusam-nos", formando o produto final.

Para a finalidade deste livro, existem três tipos de sistemas de produção: produção sob encomenda, produção em lotes e produção contínua. Cada um desses tipos de sistema de produção apresenta um processo de produção peculiar. Dá-se o nome de processo de produção à sequência de operações que são executadas para produzir determinado produto/serviço (P/S). Cada processo de produção exige um arranjo físico específico. Arranjo físico significa a disposição de máquinas, equipamentos, instalações e pessoas da melhor maneira possível para a realização de um trabalho. Assim, cada um dos três tipos de sistemas de produção apresenta características distintas, cada qual com um processo de produção, com um arranjo físico específico e com uma Administração de Materiais (AM) adequada às suas necessidades.

Sistemas de produção → Produção sob encomenda / Produção em lotes / Produção contínua

Figura 2.4 Três tipos de sistemas de produção.

> **SAIBA MAIS** — O lado externo do sistema de produção
>
> Algumas empresas atuam também do lado de suas saídas. Elas fazem contratos de fornecimento para distribuidores de maneira a eliminar a figura do depósito de PA. Quem estoca os PA é o distribuidor, e não mais a empresa – uma economia de tempo, espaço, trabalho e dinheiro, mesmo quando o distribuidor tem um prazo de pagamento maior.
>
> A responsabilidade do estoque de PA por parte do distribuidor gera benefícios para a empresa, como a redução de custos de armazenamento e de manutenção do local, bem como a redução do risco de deterioração e danificação por manuseio indevido do produto. Para reduzir a estocagem de PA, muitas empresas optam em utilizar o sistema *Just-in-time* (JIT) de produção. Esse sistema tem como característica principal a produção sem desperdício e sem geração de estoque. Está alicerçado em qualidade, flexibilidade e busca da melhoria contínua. Uma característica desse sistema é o conceito de "puxar" a produção ao longo do processo produtivo. A produção somente inicia quando ocorre uma demanda e, nesse caso, o material é processado somente quando for requisitado pela operação seguinte do processo (motivo do conceito de "puxar" a produção). Esse processo difere do tradicional, conceitualmente conhecido como "empurrado", ou seja, sistema em que os materiais são "empurrados" na cadeia produtiva, desde a compra da MP até o produto acabado, gerando estoques.

2.1 SISTEMA DE PRODUÇÃO SOB ENCOMENDA

O sistema de produção sob encomenda é o sistema de produção que se baseia na encomenda ou no pedido de um ou mais P/S. A empresa que o utiliza somente produz após ter recebido o contrato ou a encomenda de determinado produto ou serviço. Em primeiro lugar, a empresa oferece o P/S ao mercado. Quando ela recebe um pedido ou contrato de compra é que ela se prepara para produzir. Nesse momento, o pedido feito pelo cliente ou o contrato serve de base para a elaboração do plano de produção, isto é, para o planejamento do trabalho a ser realizado.

> Aumente seus conhecimentos sobre **Produção sob encomenda** na seção *Saiba mais GM 2.3*

2.1.1 Plano de produção sob encomenda

O plano de produção do sistema de produção sob encomenda envolve:

- Projeto a ser feito em relação às especificações do pedido feito pelo cliente ou de acordo com o diagnóstico do problema.

- Relação das MP necessárias para a produção do P/S encomendado pelo cliente, divididas em itens e quantidades.
- Relação da mão de obra necessária para a execução dos trabalhos, dividida em número de horas de trabalho para cada operário.
- Processo de produção para a execução da encomenda, detalhando a sequência operacional das atividades das máquinas e da mão de obra envolvidas.

O sistema de produção sob encomenda é utilizado para a produção de navios, geradores e motores de grande porte, aviões, locomotivas, construção civil e industrial, confecções sob medida etc. A empresa somente produz depois de efetuado contrato ou pedido de venda com a especificação do produto ou serviço. É a encomenda ou o pedido que definirá como a produção deverá ser realizada.

O exemplo mais simples de produção sob encomenda é o da oficina ou da produção unitária. É o sistema no qual a produção é feita por unidades ou por pequenas quantidades previamente encomendadas, cada produto a seu tempo, sendo modificado à medida que o trabalho é realizado. O processo de produção é manufatureiro e artesanal: requer operários com habilidades manuais, envolvendo o que se chama de operação de mão de obra intensiva, isto é, muita mão de obra e muita atividade artesanal que exija eletricistas, soldadores, carpinteiros, marceneiros, encanadores, ferramenteiros, torneiros, mecânicos etc. à disposição para a construção de um navio ou da equipe de propaganda de uma agência ou da equipe de um hospital. Cada produto tem uma data definida de entrega conforme os prazos definidos no pedido de compra ou na encomenda feita pelo cliente.

O processo de produção é pouco padronizado e pouco automatizado. Cada produto é um produto grande e único – como um navio, edifício, fábrica, hidrelétrica, por exemplo. Há processos menores, como a oficina de propaganda, o hospital com sua equipe médica ou a pequena oficina mecânica para proporcionar conserto de automóveis ou produtos eletrônicos. Cada produto exige uma oficina-base na qual o trabalho é realizado: é o caso da oficina mecânica para os automóveis; o canteiro de obras para a construção civil; o pátio de construção para os navios; a equipe de trabalho para a empresa-cliente que é atendida pela agência de propaganda; a equipe médica para o paciente que se interna no hospital.

2.1.2 Arranjo físico da produção sob encomenda

O arranjo físico típico do sistema de produção sob encomenda é concentrado no produto a ser realizado. Como o produto é de grande porte e de construção relativamente demorada, todas as máquinas e equipamentos são colocados ao redor do produto, assim como todos os materiais necessários são estocados ou movimentados próximos ao produto. O arranjo físico característico é estruturado tendo o produto como o centro de todas as operações, seja na oficina-base, no canteiro de obras, no pátio de construção etc.

2.1.3 Previsibilidade da produção sob encomenda

O sistema de produção sob encomenda dificulta as previsões de produção, pois cada P/S exige um trabalho específico diferente dos demais produtos e que é complexo e demorado. Cada produto exige um plano de produção específico. O sistema de produção sob encomenda requer um grupo de administradores e especialistas competentes, como supervisores da oficina-base, que sejam capazes de assumir sozinhos todas as atividades de cada contrato ou pedido, como supervisão da produção, mão de obra, compras, materiais etc. O sucesso da produção sob encomenda depende muito da habilidade do administrador ou especialista encarregado de cada contrato ou encomenda. A eficiente construção do edifício depende muito da habilidade do engenheiro de obras, assim como o atendimento da empresa-cliente depende muito do supervisor de conta da agência de propaganda e o atendimento do paciente depende muito do médico-chefe da equipe do hospital. É importante que o plano de produção seja bem compreendido por todos os especialistas que deverão executá-lo na prática.

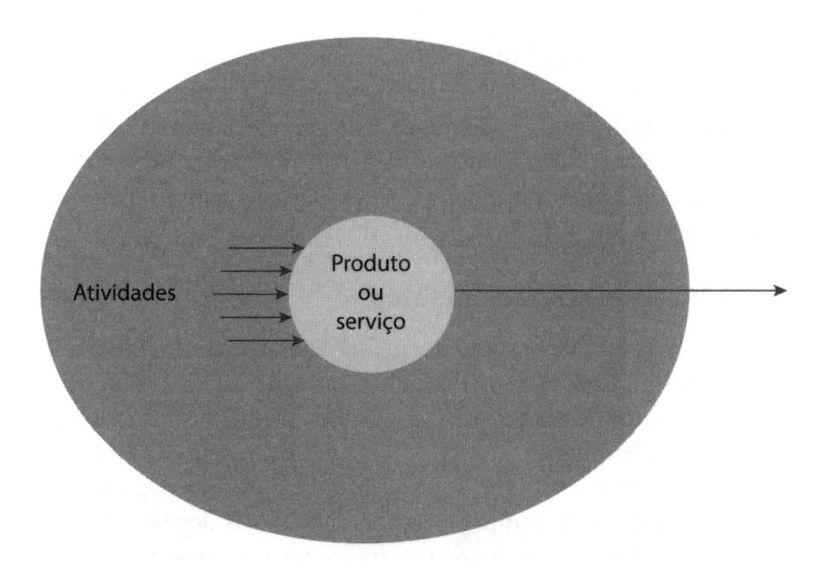

Figura 2.5 Esquema de produção sob encomenda.

2.2 SISTEMA DE PRODUÇÃO EM LOTES

O sistema de produção em lotes é o sistema utilizado por empresas que produzem quantidade limitada de um tipo de P/S de cada vez. Essa quantidade limitada é denominada lote de produção. Cada lote de produção é dimensionado para atender a determinado volume de vendas previsto para certo período de tempo. Terminado um lote de produção, a empresa inicia logo, ou mais adiante, outro lote, e assim por diante. Cada lote recebe uma identificação, como um número ou código. Além do mais, cada lote exige um plano de produção específico.

> Aumente seus conhecimentos sobre **Produção em lotes** na seção *Saiba mais GM 2.4*

2.2.1 Plano de produção em lotes

O plano de produção do sistema de produção em lotes é feito antecipadamente em relação às vendas, isto é, a empresa produz previamente cada lote para aproveitar ao máximo seus recursos e o coloca à disposição da área de vendas para entregá-lo aos clientes à medida que as vendas são efetivadas. Em algumas indústrias, o plano de produção permite que sejam processados simultânea e paralelamente vários lotes de produção, alguns no início, outros no meio, enquanto outros findam.

O sistema de produção em lotes é utilizado por indústrias têxteis, de cerâmica, eletrodomésticos, motores elétricos, brinquedos etc. A fábrica têxtil é capaz de produzir uma extensa variedade de tecidos com diferentes padronagens e características. Cada tipo de tecido é produzido em um lote de produção, findo o qual sua produção é interrompida para entrar um lote seguinte, que deverá ser um tecido diferente. O tecido anterior poderá ou não voltar a ser produzido em algum lote futuro, dependendo do sucesso das vendas.

2.2.2 Arranjo físico da produção em lotes

O arranjo físico das empresas que produzem em lote é caracterizado por máquinas agrupadas em baterias do mesmo tipo. O trabalho passa de uma bateria de máquinas para outra intermitentemente em lotes de produção. Cada bateria de máquinas constitui um departamento ou uma seção. Geralmente, existe falta de equilíbrio na capacidade de produção dos diferentes departamentos envolvidos. Isso significa que cada departamento tem uma capacidade de produção que nem sempre é igual à dos demais departamentos da empresa, havendo gargalos de produção. O plano de produção deve considerar esse equilíbrio, programando turnos de trabalho diferentes para compensá-lo por meio de diferentes números de horas trabalhadas. Por outro lado, a produção em lotes permite a utilização regular e plana da mão de obra, sem grandes picos de produção. Exige grandes áreas de estocagem de PA e grande estoque de materiais em vias de ou em processamento.

2.2.3 Previsibilidade da produção em lotes

A produção em lotes exige um plano de produção bem-feito e capaz de integrar novos lotes de produção à medida que outros sejam completados. O plano de produção deve ser constantemente replanejado e atualizado. O sucesso do processo de produção depende diretamente da forma de equacionar o plano de produção.

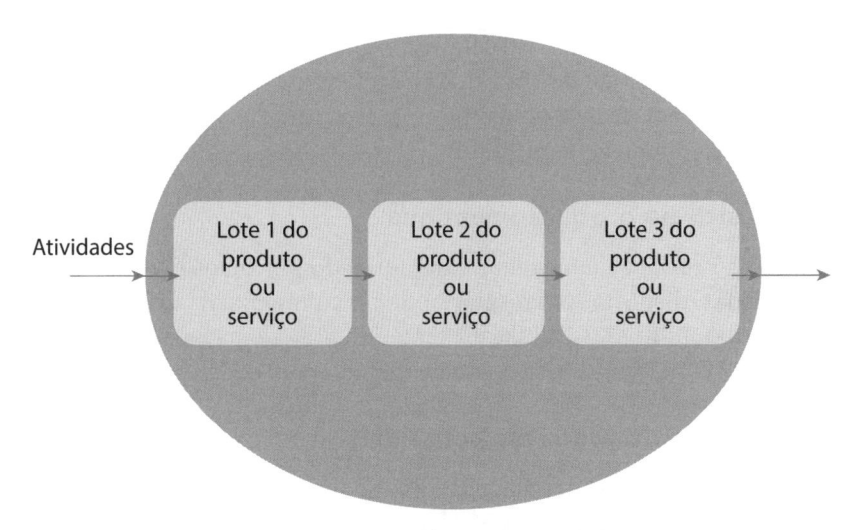

Figura 2.6 Esquema de produção em lotes.

2.3 SISTEMA DE PRODUÇÃO CONTÍNUA

O sistema de produção contínua é utilizado por empresas que produzem determinado produto por um longo período de tempo e sem modificações. O ritmo de produção é acelerado e as operações são executadas sem interrupção ou mudança. Como o produto é sempre o mesmo ao longo do tempo e como o processo produtivo não sofre alterações, o sistema pode ser aperfeiçoado continuamente.

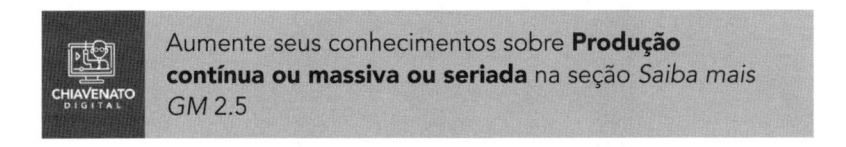

> Aumente seus conhecimentos sobre **Produção contínua ou massiva ou seriada** na seção *Saiba mais* GM 2.5

2.3.1 Plano de produção contínua

O plano de produção típico do sistema de produção contínua é elaborado, geralmente, para períodos de um ano, com subdivisões mensais. Como a produção é estável no longo prazo, pois não há modificações ao longo do tempo, e como o processo produtivo também não sofre mudanças, o plano de produção pode ser feito também no longo prazo. A ênfase do plano de produção é obter o máximo de eficiência e eficácia do processo produtivo, fazendo com que as máquinas e os equipamentos, assim como as pessoas e os materiais, tenham a melhor utilização possível no decorrer do tempo.

O sistema de produção contínua é utilizado por fabricantes de papel e celulose, de automóveis, de eletrodomésticos da linha branca (como geladeiras, máquinas de lavar roupa, secadoras etc.), enfim, produtos que são mantidos em linha durante muito tempo e sem modificações. O produto é rigidamente especificado quanto às suas características e o processo de produção é estabelecido em detalhes, o que permite planejar no longo prazo todo os materiais necessários, a mão de obra envolvida, bem como a chegada da MP necessária exatamente na quantidade certa e no tempo previsto e, ainda, o número de homens/horas de trabalho para cada operário ou produto.

2.3.2 Arranjo físico da produção contínua

O arranjo físico da produção contínua é caracterizado por máquinas e ferramentas altamente especializadas, dispostas em formação linear e sequencial para a produção de cada componente do produto final. Isso assegura um alto grau de padronização de máquinas e ferramentas, de MP e materiais, bem como de métodos e procedimentos de trabalho.

2.3.3 Previsibilidade da produção contínua

Como o produto é produzido em enormes quantidades ao longo do tempo, o sucesso do sistema de produção contínua depende totalmente do plano detalhado de produção, que deve ser feito antes que se inicie a produção de um novo produto. O plano de produção coloca cada processo produtivo em sequência linear para que o material de produção se movimente de uma máquina para outra continuamente e, quando completado, seja transportado ao ponto onde ele é necessário para a montagem do produto final. O plano de produção é feito antecipadamente e pode cobrir maior extensão de tempo. Geralmente, é elaborado para cobrir cada exercício anual, explorando ao máximo as possibilidades dos recursos da empresa, proporcionando condições ideais de eficiência e de eficácia.

Figura 2.7 Esquema de produção contínua ou seriada.

No Quadro 2.1, comparamos resumidamente os três tipos de produção.

Quadro 2.1 Principais características dos sistemas de produção

Sistema de produção	Plano de produção	Arranjo físico	Previsibilidade da produção
Produção sob encomenda	Cada produto exige um plano de produção específico.	Máquinas, equipamentos e pessoas são arranjados ao redor do produto.	Pouca previsibilidade da produção.
Produção em lotes	Cada lote de produção exige um plano de produção específico.	Máquinas, equipamentos e pessoas são arranjados sequencialmente.	Razoável previsibilidade da produção.
Produção contínua	O plano de produção é feito para um período de tempo anual.	Máquinas, equipamentos e pessoas são arranjados definitivamente.	Previsibilidade total da produção.

> Aumente seus conhecimentos sobre **Cada sistema de produção é um sistema diferente** na seção *Saiba mais* GM 2.6

Muitas empresas utilizam em seus processos de produção características derivadas dos vários sistemas que acabamos de ver, conforme as etapas a serem cumpridas. Assim, na área de preparação utilizam um sistema; na área de fabricação, outro sistema, e na área de acabamento, outro sistema. Podem ainda utilizar variações ao redor desses sistemas.

Com esses conceitos preliminares em mente, poderemos agora avançar no estudo da AM. Cada sistema produtivo requer uma adequação na AM. Em outras palavras, a AM depende do sistema de produção. No próximo capítulo, trataremos dos conceitos de AM e de sua localização na estrutura organizacional da empresa.

QUESTÕES PARA REVISÃO

1. O que é um sistema de produção?
2. Como ocorre a interdependência entre os subsistemas de um sistema de produção?
3. Explique o almoxarifado de MP, o subsistema de produção e o depósito de PA, bem como suas funções.
4. Quais são os principais tipos de sistemas de produção?
5. Defina sistema de produção sob encomenda.
6. Como funciona o plano de produção na produção sob encomenda?

7. Como é o arranjo físico típico da produção sob encomenda?
8. Como é a previsibilidade da produção na produção sob encomenda?
9. Defina sistema de produção em lotes.
10. Como funciona o plano de produção na produção em lotes?
11. Como é o arranjo físico na produção em lotes?
12. Como é a previsibilidade da produção na produção em lotes?
13. Defina sistema de produção contínua.
14. Como funciona o plano de produção na produção contínua?
15. Como é o arranjo físico típico da produção contínua?
16. Como é a previsibilidade da produção na produção contínua?

3 GESTÃO DE MATERIAIS

O QUE VERMOS ADIANTE

- Produtos/serviços (P/S).
- Materiais.
- Classificação de materiais.
- Conceito de Gestão de Materiais (GM).
- Estrutura organizacional da GM.

INTRODUÇÃO

Qualquer que seja o sistema de produção utilizado pela empresa – por encomenda, lotes ou produção contínua –, o processo produtivo é sempre uma complicada e contínua transformação de matérias-primas (MP), materiais, energia e informações em produtos acabados (PA) ou serviços prestados. O interior de uma empresa é invariavelmente o cenário de uma série de ações aplicadas sobre os materiais ou informações que ingressam no processo produtivo para serem gradativamente transformados até resultarem em produtos finais ou em serviços prestados. Na longa jornada que atravessam dentro das empresas, os materiais passam por uma sequência de etapas por meio de uma série de máquinas e equipamentos ao longo das seções produtivas até que finalmente chegam ao seu resultado final como produtos ou serviços.

> Aumente seus conhecimentos sobre **O fluxo de materiais** na seção *Saiba mais GM* 3.1

3.1 PRODUTOS/SERVIÇOS

Verificamos no capítulo anterior que as empresas – como sistemas abertos – trabalham para produzir determinado produto ou prestar determinado serviço ao mercado. O produto produzido ou o serviço prestado constitui o resultado final de todas as operações da empresa, ou seja, a principal saída do sistema. Essa é a finalidade das empresas: oferecer ao mercado um produto ou serviço para atender às necessidades da sociedade moderna. Por meio dessa finalidade, a empresa tem a condição de obter lucro e garantir sua sustentabilidade financeira, social e ecológica.

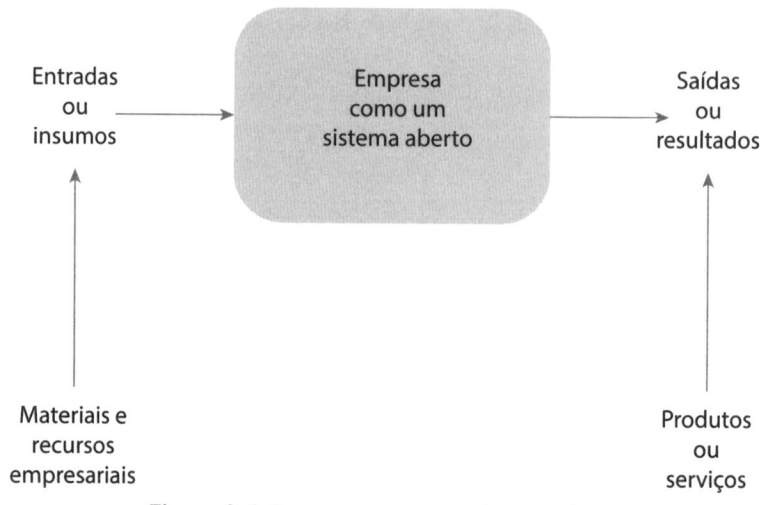

Figura 3.1 Empresa como um sistema aberto.

Dentro desse enfoque, produto ou serviço representam o que a empresa sabe fazer e produzir. Vejamos a diferença entre produto e serviço.

3.1.1 Produtos

Produtos são geralmente denominados bens ou mercadorias. O produto é algo visível e tangível, que pode ser tocado, visto, ouvido ou degustado, por ser composto de materiais físicos e visíveis. Tem cores, tamanho e ocupa um espaço, como alimentos, roupas, utensílios, eletrodomésticos, produtos de higiene, móveis em geral, máquinas, automóveis etc. A variedade e a diversidade de produtos são incríveis, envolvendo marcas e patentes variadas. Alguns produtos são tradicionais e quase não mudam, como as chamadas *commodities* (do inglês *commodity* = artigo ou objeto de utilidade, mercadoria), tais como soja, café, minérios, frutas etc.

De acordo com sua destinação, os produtos podem ser denominados produtos de consumo ou produtos industriais.

- **Produtos de consumo**: são destinados ao mercado de consumo e são chamados bens de consumo, porque são adquiridos pelo consumidor ou usuário final, que os utiliza e consome para satisfação de suas necessidades, como alimentos, eletrodomésticos, automóveis, móveis e utensílios domésticos, roupas, remédios e produtos de higiene pessoal etc.
- **Produtos industriais**: são destinados ao mercado industrial e são chamados bens de produção, porque são adquiridos por empresas industriais para que possam produzir outras coisas, como máquinas e equipamentos, instalações, MP como aço, ferro, plásticos, tecidos, cimentos, produtos para construção civil ou industrial, minérios, produtos químicos e petroquímicos.

Quanto à sua constituição, existem dois tipos de empresas capazes de produzir um produto: as empresas primárias e as empresas secundárias.

1. **Empresas primárias**: são também chamadas extrativas pelo fato de obterem o produto ou material por meio da ação direta sobre a natureza, como na indústria da pesca, agricultura, mineração, extração de petróleo etc. São chamadas empresas primárias porque obtêm a MP diretamente da natureza, sem que tenha sido processada anteriormente. O processamento vem depois da extração. O produto oferecido pela empresa primária é quase sempre a MP inicial para as empresas secundárias, como minérios, produtos agrícolas, petróleo etc. Alguns produtos das empresas primárias são oferecidos diretamente ao mercado, como pescado, produtos agrícolas – os hortifrutigranjeiros –, carnes em geral etc.

2. **Empresas secundárias**: são também chamadas empresas de transformação pelo fato de partirem de uma MP adquirida de terceiros para processá-la e transformá-la em PA. São empresas secundárias porque obtêm a MP de outra empresa, seja primária ou secundária. O nome **secundário** significa que essas empresas ficam em algum lugar intermediário ao longo do processo produtivo, que vai desde a extração da MP inicial até a oferta do PA ao mercado. Geralmente, as empresas primárias ficam na ponta inicial desse processo produtivo, enquanto as empresas secundárias dependem de alguma empresa anterior para adquirir a MP com que irão trabalhar. As empresas secundárias ou de transformação são também chamadas indústrias ou empresas industriais, porque para produzir precisam de uma indústria, fábrica, oficina ou algo parecido, como as indústrias de eletrodomésticos, de carros e autopeças, móveis e utensílios domésticos, máquinas e implementos industriais e agrícolas, frigoríficos etc.

> Aumente seus conhecimentos sobre **A diversidade de produtos** na seção *Saiba mais GM 3.2*

3.1.2 Serviços

Os serviços constituem bens intangíveis e servem para adicionar valor ao produto. Envolvem as chamadas empresas terciárias – ou setor terciário – que oferecem alguma forma de prestação de serviços ao mercado.

As empresas terciárias fazem parte do setor terciário, que envolve a comercialização de produtos em geral e a oferta de serviços comerciais, pessoais ou integrados tanto ao mercado consumidor quanto ao mercado industrial ou de empresas dos mais variados tipos.

O setor terciário da economia envolve a prestação de serviços às empresas, bem como aos consumidores finais. Os serviços podem envolver venda de mercadorias do produtor para o consumidor por meio do comércio atacadista ou varejista ou podem envolver a prestação de um serviço, como educação, alimentação, consultoria financeira ou contábil, transporte ou assistência médica ou odontológica. Por meio da oferta de determinado produto é possível oferecer um serviço, como a venda ou a assistência técnica no pós-venda. Contudo, o serviço sempre envolve necessariamente o foco nas pessoas por meio da interação humana a serviço do consumidor ou usuário. Isso é completamente diferente da transformação de insumos materiais em bens físicos.

> Aumente seus conhecimentos sobre **Classificação do setor de serviços** na seção *Saiba mais GM 3.3*

Os serviços nem sempre são tangíveis e visíveis. Não têm cores, formas ou tamanhos como os produtos. Na verdade, os serviços são atividades especializadas que as empresas e pessoas físicas oferecem ao mercado. Um serviço pode ser oferecido por uma pessoa – como cortar o cabelo, servir comida em um restaurante, a consulta de um médico ou advogado – ou por uma empresa – o restaurante que oferece uma refeição, o hospital que oferece um atendimento médico, uma consultoria organizacional que oferece planejamento estratégico a uma empresa. Os serviços podem assumir uma enorme variedade de características e especializações, como propaganda, advocacia, consultorias empresariais, hospitais, bancos e financeiras, escolas e universidades, clubes, transportes, segurança, energia elétrica, comunicações, rádio e televisão, jornais e revistas, lojas e supermercados, *shopping centers*, teatros e cinemas etc. Há uma variedade considerável de empresas prestadoras de serviços, cuja missão é oferecer atividades especializadas ao mercado.

As empresas que produzem serviços são geralmente denominadas empresas não industriais ou prestadoras de serviços ou, ainda, empresas terciárias. A denominação **terciária** é devido ao fato de sempre estarem na última etapa do processo produtivo e quase sempre dependentes dos insumos provindos de outras empresas que os fornecem.

Para abranger a totalidade das empresas – sejam elas produtoras de produtos, sejam elas prestadoras de serviços –, referiremos produtos/serviços (P/S) como resultantes das operações das empresas.

> Aumente seus conhecimentos sobre **Prestação de serviços** na seção *Saiba mais GM 3.4*

3.2 MATERIAIS

Do ponto de vista da Administração de Materiais (AM), os materiais constituem os insumos básicos para que o processo produtivo possa transformá-los em PA. Assim, representam a base fundamental do processo produtivo das empresas industriais e o elemento básico de transformação.

Os materiais podem assumir os mais diversos e diferenciados tipos: podem ser sólidos, líquidos, gasosos ou na forma de plasma. De acordo com suas propriedades físico-químicas, os materiais podem ser classificados em: metais, cerâmicas, polímeros, compósitos ou eletrônicos. Requerem acondicionamentos diferentes, meios diferentes de transporte, estocagem e processamento, além dos mais diversos cuidados em sua manipulação e processamento.

3.2.1 Fluxo de materiais

Material parado ou estocado é material inutilizado, ao menos temporariamente. E isso representa um custo adicional: o custo de apenas ter materiais disponíveis sem utilização. Material representa um produto em potencial e, para tanto, precisa ter um fluxo rápido e incessante. Fluxo de materiais significa o trânsito que todo material percorre desde o almoxarifado até se transformar em PA no depósito de PA.

Assim, o fluxo de materiais – também denominado movimentação de materiais, tráfego interno ou transporte interno de materiais – representa toda e qualquer movimentação de materiais desde a aquisição de MP até a chegada do PA em um plano logístico.[1] Para efeito deste livro, enfatizaremos esse fluxo no âmbito empresarial. Existe a chamada logística interna, que trata do fluxo interno de materiais dentro da empresa, enquanto a logística externa trata do fluxo externo de materiais fora da empresa, por meio ou a partir de suas fronteiras.

> Aumente seus conhecimentos sobre **O almoxarifado** na seção *Saiba mais GM 3.5*

3.2.2 Aspectos básicos do fluxo de materiais

A movimentação de materiais deve atender aos seguintes aspectos básicos:

- Repor continuamente as MP nas linhas ou células de produção da fábrica.
- Transportar o material em processamento por meio dos diversos postos de trabalho ao longo da empresa.[2]
- Encaixotar e armazenar materiais em função de limitações, como espaço e tempo.
- Utilizar uma abordagem integrada de sistemas, esteja ou não automatizada, já que tem conexões com várias e diferentes áreas da produção.
- Atender a procedimentos de segurança, seja para as pessoas envolvidas, seja para os materiais ou, ainda, para a própria continuidade da produção.
- Levar em conta o aspecto econômico, pois a entrega de materiais e MP no lugar e no tempo certos é indispensável para a eficácia do sistema e a garantia de baixo custo.

Tudo isso no sentido de integrar todo um sistema de atividades que possa maximizar a produtividade total do processo produtivo. Assim, o fluxo de materiais deve ser um sistema ou uma combinação de métodos, instalações, trabalho, equipamentos de transporte, embalagem e armazenagem para corresponder aos objetivos da produção.[3]

Para que haja a produção de P/S, existe sempre a necessidade de se processar MP, que serão transformadas em PA ou serviços prestados ao longo do processo produtivo. Normalmente, a produção que ocorre nas empresas secundárias constitui a transformação de materiais e de MP em PA. Os materiais e MP serão, de agora em diante, chamados simplesmente de materiais. Assim, toda vez que nos referirmos a materiais, cobriremos toda a enorme gama de MP e de materiais que possam ingressar como insumos em qualquer processo produtivo.

Tanto nas empresas primárias quanto nas secundárias e terciárias, o problema de administrar materiais é sempre crucial. Sejam fabricantes ou distribuidores, atacadistas ou varejistas, as empresas estão constantemente às voltas com problemas relacionados a localização, obtenção, utilização e movimentação de materiais para garantir suas operações.

Os materiais não ficam – nem devem ficar – estáticos ou parados nas empresas. Eles seguem um movimento incessante que vai desde o recebimento do fornecedor, passando pelas diversas etapas do processo produtivo, até chegarem ao depósito de PA. Os materiais entram na empresa, fluem e transitam através dela e saem pelo depósito como PA com destino à clientela, como na Figura 3.2.

Entradas ou insumos → Almoxarifado de MP → Produção → Depósito de PA → Saídas ou resultados

Fornecedores

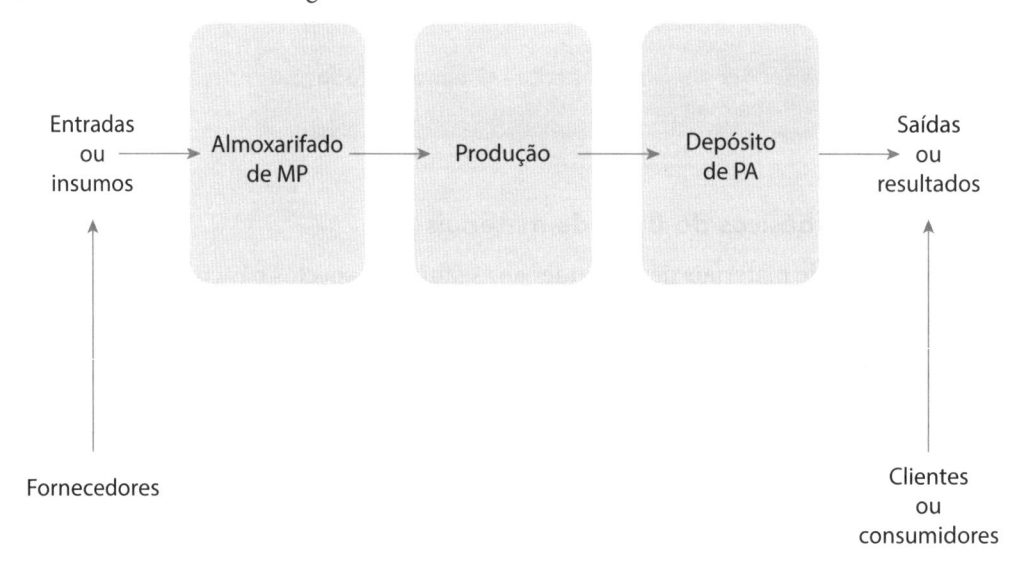

Clientes ou consumidores

Figura 3.2 O incessante fluxo de materiais na empresa.

A essa movimentação incessante dá-se o nome de fluxo de materiais. Todo processo produtivo envolve um fluxo constante de materiais. Quase sempre o fluxo envolve algumas paradas ou passa por alguns gargalos de produção, nos quais o material fica estacionado durante muito tempo. Gargalo de produção é o ponto em que a produção é mais demorada, fazendo com que o material fique parado por maior tempo.

À medida que caminham pelo processo produtivo, os materiais recebem acréscimos, transformações, adaptações, reduções, alterações etc., que vão mudando progressivamente suas características: passam a ser materiais em processamento (em vias ou em trânsito de uma seção para outra), depois, materiais semiacabados (estocados após algumas operações para serem transformados em um ou mais produtos) e materiais acabados ou componentes (peças isoladas ou submontagens), para então se completarem como PA. Assim, do almoxarifado de materiais até chegar ao depósito como PA, os materiais sofrem várias e sucessivas modificações ao longo do processo produtivo.

Capítulo 3 – Gestão de Materiais

```
[Almoxarifado de MP] → [Preparação] → [Injeção plásticos] → [Pré-montagem] → [Montagem] → [Depósito de PA]

      ↑                            ↑                                              ↑
     MP        Materiais em processamento (em vias)                              PA
               Materiais semiacabados
               Materiais acabados (componentes)
```

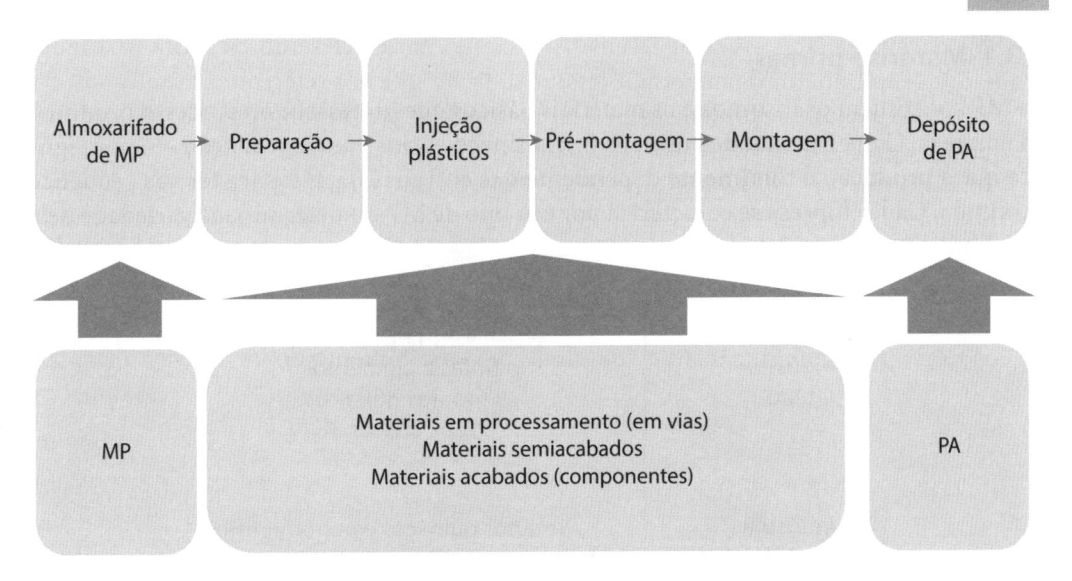

Figura 3.3 Fluxo dos materiais.

Em algumas empresas, o fluxo de materiais é rápido e simples, enquanto em outras é demorado e complicado. No entanto, cada empresa tem seu próprio fluxo de materiais, uma vez que ele depende do P/S, do sistema de produção utilizado e do processo produtivo.

> Acesse conteúdo sobre **A transformação por meio da produção** na seção *Tendências em GM* 3.1

3.3 CLASSIFICAÇÃO DE MATERIAIS

O fluxo de materiais faz com que os materiais se modifiquem gradativamente ao longo do processo produtivo. E, à medida que os materiais fluem pelo processo produtivo, passam a receber diferentes classificações. Em outras palavras, eles passam a se enquadrar em diferentes classes de materiais. A classificação de materiais mais comum é:

- MP.
- Materiais em processamento (ou em vias).
- Materiais semiacabados.
- Materiais acabados ou componentes.
- PA.

Vejamos cada uma dessas classes de materiais.

3.3.1 Matérias-primas

As MP constituem os insumos e os materiais básicos que ingressam no processo produtivo da empresa. Constituem todos os itens iniciais necessários para a produção – o que significa que a produção é totalmente dependente das entradas da MP para ter sua sequência garantida. Cada empresa se caracteriza por um tipo de MP ou determinada variedade dela, como mostra a Figura 3.4.

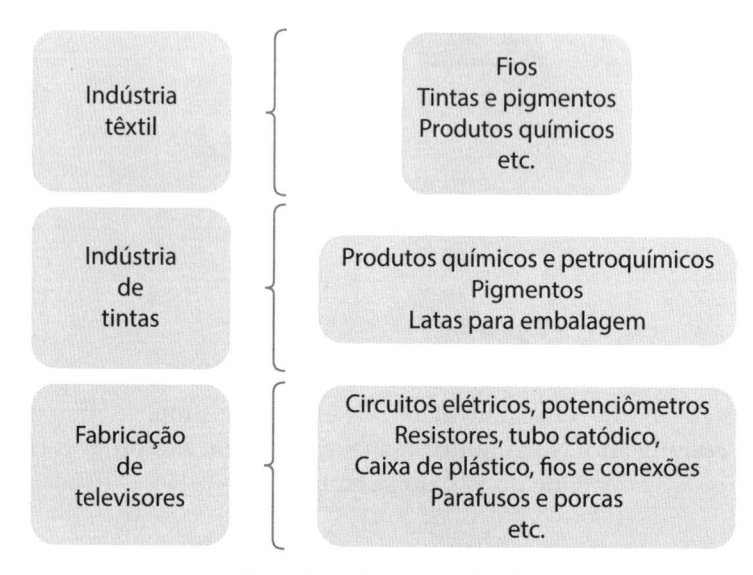

Indústria	Exemplos de MP
Indústria têxtil	Fios Tintas e pigmentos Produtos químicos etc.
Indústria de tintas	Produtos químicos e petroquímicos Pigmentos Latas para embalagem
Fabricação de televisores	Circuitos elétricos, potenciômetros Resistores, tubo catódico, Caixa de plástico, fios e conexões Parafusos e porcas etc.

Figura 3.4 Exemplos de MP.

Em geral, as MP precisam ser adquiridas de fornecedores externos, ou seja, têm de ser compradas dos fornecedores. Quando a própria empresa resolve produzir internamente suas MP para evitar a dependência de fornecedores externos, ela passa a ser seu próprio fornecedor interno. A isso se dá o nome de verticalização. **Verticalização** significa a inclusão de mais um estágio do processo produtivo que antes era externo e agora passa a ser executado pela própria empresa.

3.3.2 Materiais em processamento

Os materiais em processamento – também denominados materiais em vias – são aqueles que estão sendo processados ao longo das diversas seções que compõem o processo produtivo da empresa. São, portanto, os materiais em processo ou em vias de serem processados em cada uma das seções produtivas da empresa. Não estão nem no almoxarifado – porque não são mais MP iniciais – nem no depósito – porque ainda não são PA. Na realidade, os materiais em processamento ingressaram na empresa na forma de MP, estão passando pelas etapas do processo produtivo da empresa e, mais adiante, serão transformados em PA.

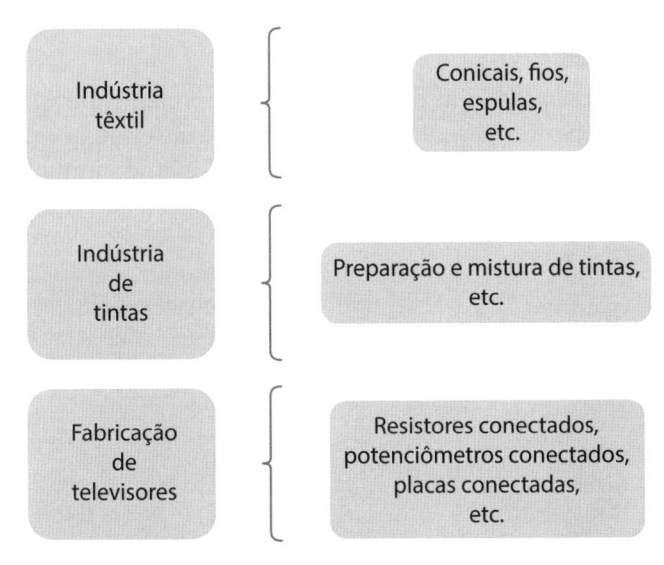

Figura 3.5 Exemplos de materiais em processamento.

3.3.3 Materiais semiacabados

Materiais semiacabados são os materiais parcialmente acabados cujo processamento está em algum estágio intermediário de acabamento e que se encontram ao longo das diversas seções que compõem o processo produtivo. Diferem dos materiais em processamento pelo estágio mais avançado, pois se encontram quase acabados, faltando apenas algumas etapas do processo produtivo para se transformarem em materiais acabados ou em PA.

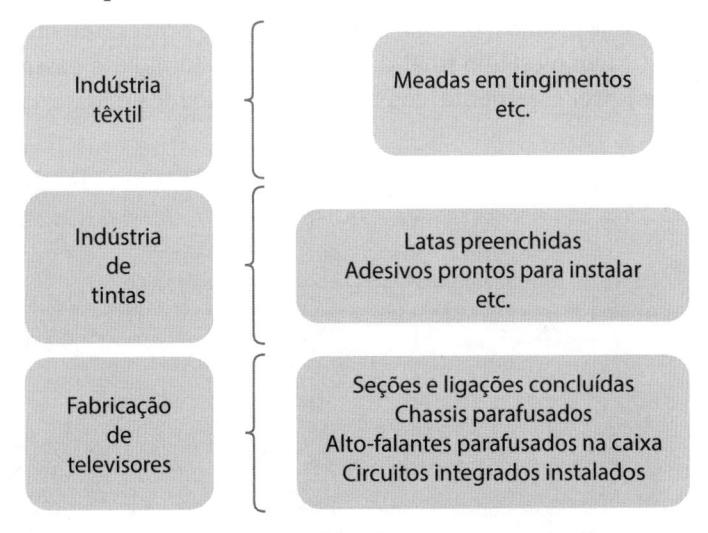

Figura 3.6 Exemplos de materiais semiacabados.

3.3.4 Materiais acabados

Os materiais acabados são também denominados componente, porque constituem peças isoladas ou componentes já acabados e prontos para serem anexados ao produto. Na realidade, são partes prontas ou pré-montadas que, quando juntadas ou integradas, constituirão o PA.

- Indústria têxtil: Lotes de tecidos acabados em secagem etc.
- Indústria de tintas: Latas para embalagem preparadas; Tinta acabada; etc.
- Fabricação de televisores: Chassis pré-montados; Tubo catódico conectado e instalado; Caixa de plástico pré-montada; etc.

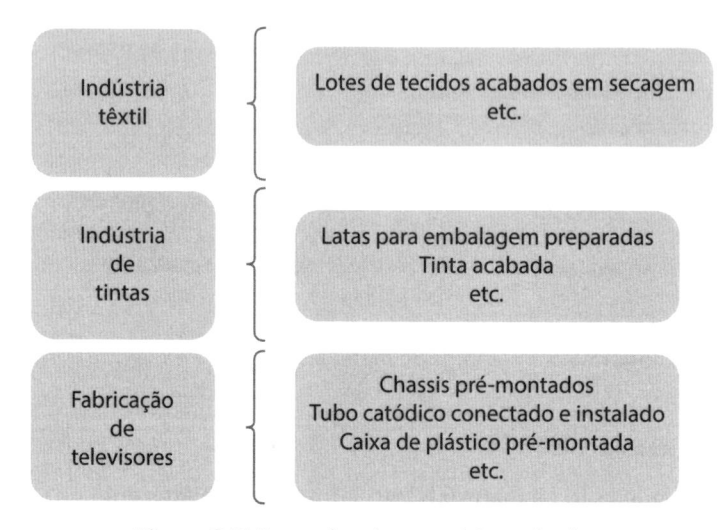

Figura 3.7 Exemplos de materiais acabados.

3.3.5 Produtos acabados

Os PA são os produtos já prontos, ou seja, os produtos cujo processamento foi completado inteiramente. Constituem o estágio final do processo produtivo e já passaram pelas fases de MP, materiais em processamento, materiais semiacabados e materiais acabados ou componentes.

MP → Materiais em processamento → Materiais semiacabados → Materiais acabados → PA

MP → Materiais em processamento (em vias) / Materiais semiacabados / Materiais acabados (componentes) → PA

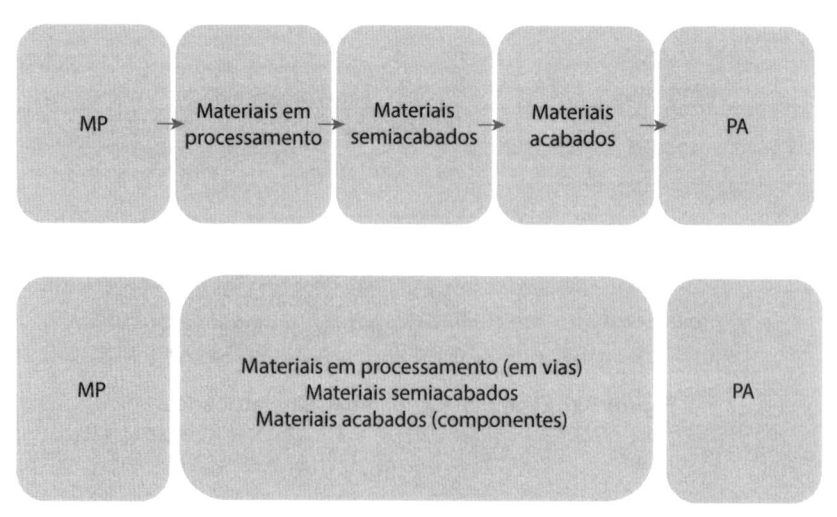

Figura 3.8 Classificação dos materiais em função de seu fluxo.

Assim, os materiais são classificados em função de seu estágio no processo produtivo da empresa. À medida que passam pelas diversas etapas do processo produtivo, sofrem acréscimos e alterações que provocam sua gradativa diferenciação até se tornarem PA. Assim, para que haja um PA, ele deve ter passado pelos estágios de MP básica, material em processamento, material semiacabado e material acabado.

Quadro 3.1 Exemplos de classificação de materiais conforme o fluxo de produção

Processo produtivo	MP	Materiais em processamento	Materiais semiacabados	Materiais acabados	PA
Indústria têxtil	Fios Tinta Pigmentos	Conicais Espulas	Meadas em tingimento	Lotes acabados em secagem	Tecidos
Indústria de tintas	Produtos químicos e petroquímicos Latas para embalagem	Preparação e mistura da tinta	Tintas Pigmentos	Latas para embalagem preparadas	Tintas
Fabricação de televisores	Circuitos elétricos Potenciômetros Resistores Fios e conexões Tubo catódico Caixa de plástico	Resistores conectados Fios ligados Parafusos colocados	Secções ligadas Chassis parafusados Alto-falantes instalados na caixa	Chassis montados Tubo catódico instalado Caixa de plástico montada	Televisão

Aumente seus conhecimentos sobre **A enorme diversidade de materiais** na seção *Saiba mais GM* 3.6

3.4 CONCEITO DE GESTÃO DE MATERIAIS

Todos os materiais precisam ser adequadamente administrados. Suas quantidades devem ser planejadas e controladas para que não haja faltas que paralisem a produção, nem excessos que elevem os custos operacionais desnecessariamente. A Gestão de Materiais (GM) consiste em ter os materiais necessários na quantidade certa, no local certo e no tempo certo à disposição dos órgãos que compõem o processo produtivo da empresa. O volume de dinheiro investido em materiais faz com que as empresas procurem sempre o mínimo tempo de estocagem e o mínimo volume possível de materiais em processamento capazes de garantir a continuidade do processo produtivo.

O termo **gestão de materiais** tem apresentado diferentes definições. Na prática, utilizam-se indistintamente vários termos para gestão de materiais – como suprimentos, fornecimento, abastecimento, logística etc. – a fim de designar os cargos e os órgãos com títulos diferentes, mas com as mesmas responsabilidades. Os principais conceitos básicos são apresentados a seguir.

3.4.1 Gestão de Materiais

É o conceito mais amplo de todos. Aliás, é o conceito que engloba todos os demais que veremos a seguir. A GM envolve a totalidade dos fluxos de materiais da empresa, desde a programação de materiais, compras, recepção, armazenamento no almoxarifado, movimentação de materiais, transporte interno e armazenamento no depósito de PA. A GM se refere à totalidade das funções relacionadas com os materiais, seja com sua programação, aquisição, estocagem, distribuição etc., desde sua chegada à empresa até sua saída com direção aos clientes na forma de PA ou serviço ofertado. A focalização desse conceito reside na atividade dirigida aos materiais: a GM é a preocupação principal, enquanto a produção é apenas um usuário do sistema. Nessas circunstâncias, o órgão de GM não costuma se subordinar à produção.

Programação de materiais	Compras	Recepção	Almoxarifado	Movimentação e tráfego	Depósito de PA
Em função do programa de produção	Por meio das ordens de compras	Inspeção no recebimento de materiais	Materiais disponíveis em estoque	Distribuição e logística interna	Aguardando expedição aos clientes

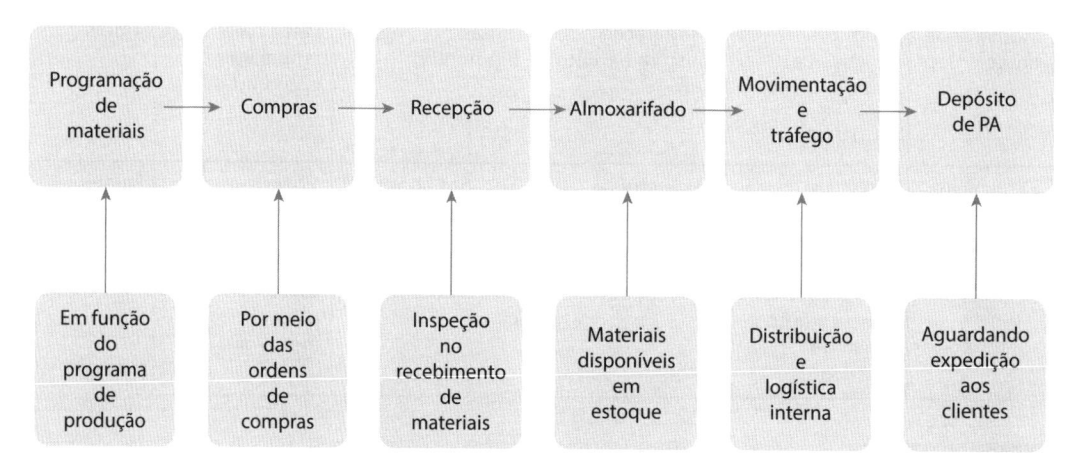

Figura 3.9 Conceito de GM.

Contudo, essa totalidade de funções reunida em uma só área – a GM – ocorre em poucas empresas. Quase sempre, as empresas adotam uma posição mais restrita e semelhante à do conceito de suprimentos.

3.4.2 Suprimentos

A palavra **suprimento** serve para designar todas as atividades que visam ao abastecimento ou fornecimento de materiais à produção. O conceito de **suprimentos** envolve a programação de materiais, compras, recepção, armazenamento no almoxarifado, movimentação de materiais e transporte interno. Não costuma envolver o armazenamento de PA – que geralmente fica com o Marketing, porque essa tarefa não está relacionada com o abastecimento à produção. O foco desse conceito reside na atividade dirigida ao fornecimento ou ao abastecimento de materiais à produção. A produção é a atividade principal ou final, enquanto o suprimento é atividade-meio ou apenas subsidiária à produção.

Capítulo 3 – Gestão de Materiais

```
Programação  →  Compras  →  Recepção  →  Almoxarifado  →  Movimentação
de materiais                                                e tráfego
     ↑            ↑            ↑             ↑                  ↑
Em função     Por meio      Inspeção      Materiais        Distribuição
do programa   das ordens    no recebimento disponíveis      e logística
de produção   de compras    de materiais   em estoque       interna
```

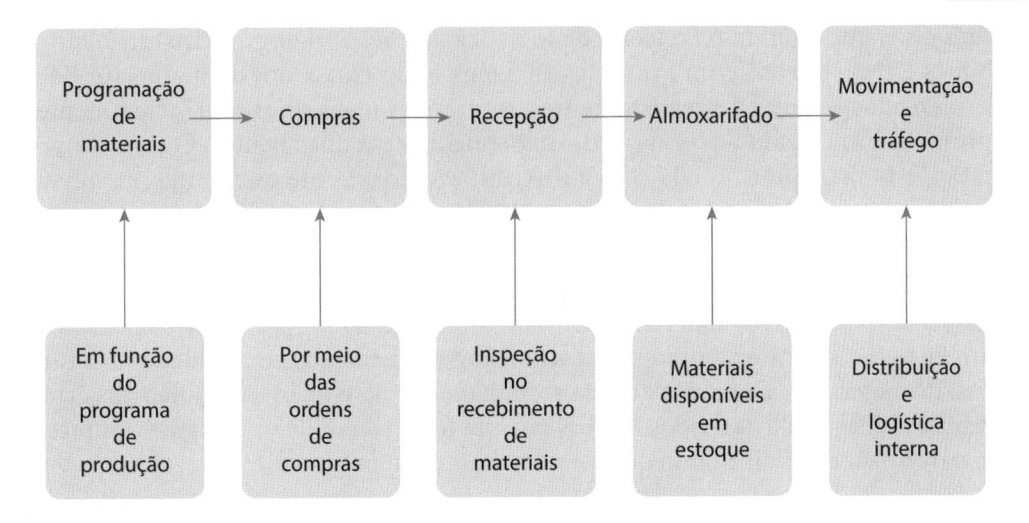

Figura 3.10 Cadeia de suprimentos.

Assim, **suprir** significa programar as necessidades de materiais, comprar, receber os materiais, armazená-los no almoxarifado, movimentá-los para as seções produtivas, transportá-los internamente para abastecer as necessidades da produção. O órgão de suprimentos está geralmente subordinado à área de produção.

3.4.3 Logística

O conceito de logística surgiu por volta do ano de 1670, quando o exército francês adotou uma nova estrutura organizacional, na qual o "marechal general des logis" passou a ser o responsável pelo planejamento, transporte, armazenamento e abastecimento das tropas. Quase 300 anos depois – na década de 1960 – é que a **logística** passou a ser uma preocupação das empresas, com a adoção de novas ideias sobre o armazenamento dos PA e sua movimentação (distribuição física) até o cliente, como aspectos inseparáveis do fluxo de materiais para a empresa e através dela.

Modernamente, a logística é a atividade que coordena estocagem, transporte, armazéns, inventários e toda a movimentação dos materiais dentro da fábrica até a entrega dos PA ao cliente. Dentro dessa conceituação, a logística compreende a coordenação do movimento de materiais desde o estoque de MP, por meio das instalações da empresa, até o recebimento do PA pelo cliente final. Quando todo esse fluxo de materiais fica concentrado em um único órgão, a ênfase é colocada na movimentação ou no transporte interno, como veremos adiante.

Na prática, o conceito de logística inclui a estocagem, bem como o fluxo e a movimentação de materiais. Sua preocupação principal está no tráfego e nos transportes interno e externo dos materiais. Quase sempre, não inclui programação de materiais nem compras.

As empresas que adotam o conceito de logística apresentam enorme investimento em estoques e transportes, com grandes armazéns e um fluxo ágil de materiais. São os hipermercados, as lojas de departamentos, os grandes magazines e, principalmente, as empresas que entregam as compras diretamente na casa dos clientes. Quase sempre, a logística está mais preocupada com a distribuição dos PA até os clientes, envolvendo todo um sistema de transportes, seja rodoviário, seja ferroviário. É a chamada logística de distribuição.

Todos esses conceitos são importantes para a compreensão da complexidade da AM. Como veremos adiante, os materiais permeiam e se movimentam por toda a empresa dentro de um fluxo incessante e contínuo para alimentar as operações e as atividades. No fundo, o fluxo de materiais na empresa guarda semelhanças com o fluxo sanguíneo nas artérias humanas, alimentando os tecidos e os órgãos. Um fluxo tranquilo e constante é imprescindível para a saúde humana tanto quanto para o processo produtivo.

Um aspecto importante a ressaltar é o enorme investimento que as empresas fazem em materiais. O capital investido em estoques normalmente representa uma parcela muito grande do patrimônio da empresa e requer uma administração cuidadosa e inteligente. É muito capital transitando no interior das empresas. Toda essa massa crítica tem um custo. De nada adianta realizar uma produção com excelência e custos baixos se na outra ponta os custos de manutenção de estoques aumentam desproporcionalmente. Ganha-se de um lado e perde-se de outro.

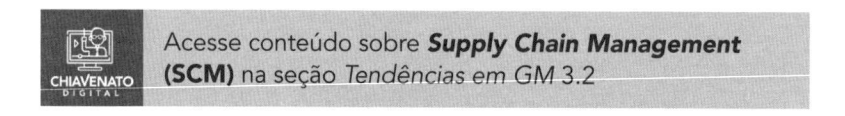

> Acesse conteúdo sobre **Supply Chain Management (SCM)** na seção *Tendências em GM 3.2*

3.5 ESTRUTURA ORGANIZACIONAL DA GESTÃO DE MATERIAIS

A estrutura organizacional representa a maneira pela qual os órgãos e os cargos estão dispostos e arranjados para seu funcionamento em direção aos objetivos propostos pela empresa. A estrutura organizacional define os órgãos (como divisões, departamentos ou seções) e os cargos (como diretores, gerentes ou chefes) necessários para a empresa funcionar.

A estrutura organizacional da GM tem características diferentes quando se trata de empresas primárias, secundárias e terciárias. Nos dois primeiros tipos de empresas – que geralmente se caracterizam por uma estrutura industrial –, a GM quase sempre está subordinada à Administração da Produção (AP). Nas empresas terciárias ou de serviços, a GM geralmente está subordinada às operações da empresa relacionadas com Marketing.

Capítulo 3 – Gestão de Materiais

```
                    Administração
                    da Produção ou
                      Operações
                           |
                          GM
                           |
   ┌──────────┬────────────┼────────────┬──────────┐
Programação  Compras  Almoxarifado  Tráfego ou   Depósito
    de                    de         transporte     de
materiais                 MP          interno       PA
```

Figura 3.11 Estrutura organizacional da GM.

Cada empresa escolhe o tipo de estrutura organizacional que se adequa às suas necessidades e características operacionais. Se a empresa é primária, os materiais quase sempre são adquiridos para possibilitar as operações de extração – como barcos e combustível para a indústria de pesca, sondas e torres para a prospecção de petróleo, ou adubos, sementes e implementos agrícolas para a colheita na agricultura – e, em alguns casos, até podem entrar na composição do produto.

Se a empresa é secundária, os materiais entram necessariamente na composição do produto – como ferro, aço, plásticos, produtos químicos e petroquímicos etc. – e servem também para possibilitar as operações de produção ou transformação – como combustíveis, lubrificantes, correias, transmissores etc.

Se a empresa é terciária, os materiais podem entrar na composição do serviço prestado – como a maioria dos produtos hospitalares – e também podem servir de base para possibilitar as operações de prestação de serviços – como o material de papelaria, por exemplo. Assim, cada empresa tem seu P/S e tem os materiais específicos de que necessita para produzi-lo. Consequentemente, cada empresa tem a estrutura organizacional de GM específica para suas necessidades e conveniências.

Os dois desafios principais da GM são:

1. **Armazenamento de materiais**: no sentido de oferecer disponibilidade de materiais necessários à atividade empresarial (produção e atividades de apoio), permitindo recuperação imediata e facilitação na entrega.
2. **Logística de distribuição de materiais**: no sentido de entregar os materiais no ponto certo, no menor prazo, ao menor custo e oferecendo condições de qualidade.

> **SAIBA MAIS** — **O caráter dinâmico da GM**
>
> Nem sempre a GM se subordina à Administração da Produção ou das Operações, como vimos anteriormente. Lojas de departamentos, cadeias de supermercados e certos atacadistas podem incluir a GM na área de Marketing (ou, ainda, na área Comercial) para melhor atender ao cliente em termos de pós-venda. Na verdade, a GM pode servir tanto a clientes internos (como a produção) quanto a clientes externos (como no caso de atacadistas ou fornecedores de serviços a empresas clientes).

QUESTÕES PARA REVISÃO

1. Explique P/S como resultado de um sistema aberto.
2. Conceitue produtos.
3. O que são empresas primárias?
4. Exemplifique alguns produtos de empresas primárias.
5. O que são empresas secundárias?
6. Exemplifique alguns produtos de empresas secundárias.
7. O que são indústrias ou empresas industriais?
8. O que é mercado de consumo?
9. O que é mercado industrial?
10. Dê exemplos de produtos dirigidos ao mercado de consumo.
11. Dê exemplos de produtos dirigidos ao mercado industrial.
12. Conceitue serviços.
13. O que são empresas terciárias?
14. Exemplifique alguns serviços.
15. O que são empresas não industriais ou prestadoras de serviços?
16. Conceitue materiais.
17. Conceitue fluxo de materiais.
18. O que é gargalo de produção?
19. Explique o que ocorre com os materiais ao longo do processo produtivo.
20. Como é feita a classificação dos materiais?
21. Explique a classificação dos materiais.
22. Conceitue MP.
23. Dê exemplos de MP.
24. Conceitue materiais em processamento.
25. Dê exemplos de materiais em processamento.

26. Conceitue materiais semiacabados.
27. Dê exemplos de materiais semiacabados.
28. Conceitue materiais acabados ou componentes.
29. Dê exemplos de materiais acabados ou componentes.
30. Conceitue PA.
31. Dê exemplos de PA.
32. Conceitue AM.
33. Qual a principal ênfase da GM?
34. Conceitue suprimentos.
35. Qual é a principal ênfase de suprimentos?
36. Conceitue logística.
37. Qual é a principal ênfase da logística?
38. Qual é a importância da GM?
39. O que é estrutura organizacional?
40. Explique a estrutura organizacional da GM.
41. A que área da empresa se reporta a GM?
42. Explique a estrutura organizacional da GM em empresas primárias.
43. Explique a estrutura organizacional da GM em empresas secundárias.
44. Explique a estrutura organizacional da GM em empresas terciárias.

REFERÊNCIAS

1. DORFF, R. C.; KUSIAK, A. *Handbook of design, manufacturing and automation*. New York: John Wiley & Sons, 1994.
2. RUSSOMANO, V. H. *Planejamento e acompanhamento da produção*. São Paulo: Pioneira, 1976. p. 191-195.
3. KULWIEC, R. A. *Materials handling book*. New York: John Wiley & Sons, 1985. p. 4.

4 PROGRAMAÇÃO DE MATERIAIS

O QUE VEREMOS ADIANTE

- Conceito de Planejamento e Controle da Produção (PCP).
- Fases do PCP.
- Projeto de produção.
- Coleta de informações.
- Planejamento da Produção (PP).
- Controle da Produção (CP).
- Programação de materiais.

INTRODUÇÃO

É com o plano de produção que a empresa estabelece antecipadamente o que deverá produzir dentro de determinado período de tempo e, para isso, o quanto necessitará de máquinas e equipamentos, mão de obra e materiais. Assim, o plano de produção serve de base para planejar o tempo de máquinas e equipamentos, o tempo de mão de obra e a quantidade de materiais a ser adquirida para suprir a produção.

Para isso existe o Planejamento e Controle da Produção (PCP). O PCP existe para planejar antecipadamente e controlar criteriosamente a produção da empresa. Além disso, o PCP procura aumentar a eficiência e a eficácia da empresa por meio da Administração da Produção (AM). Para atingir essa dupla finalidade, o PCP atua sobre os principais meios de produção – máquinas, pessoas e materiais – para planejar a produção e controlar seu desempenho. De um lado, o PCP estabelece antecipadamente o que a empresa deverá produzir – e, consequentemente, o quanto deverá dispor de máquinas, pessoas e materiais – para suprir as vendas que a empresa espera realizar. Por outro lado, o PCP monitora e controla o desempenho da produção em relação ao que foi planejado, para corrigir eventuais desvios ou erros que possam surgir. Dessa maneira, o PCP atua antes, durante e depois do processo produtivo. Antes, planejando o processo produtivo para programar máquinas, mão de obra e materiais. Durante, controlando o funcionamento do processo produtivo para mantê-lo de acordo com o que foi planejado. E depois, para avaliar os resultados e comparar com os objetivos pretendidos. Na verdade, o PCP funciona como um verdadeiro radar, não apenas para planejar, mas, principalmente, para monitorar o processo produtivo em toda sua extensão.

4.1 CONCEITO DE PLANEJAMENTO E CONTROLE DA PRODUÇÃO

O PCP é o órgão que planeja e controla as atividades produtivas da empresa. Se a empresa é produtora de bens ou mercadorias, o PCP planeja e controla a produção desses bens ou mercadorias, cuidando inclusive dos materiais necessários, da quantidade de mão de obra, das máquinas e equipamentos, assim como do estoque de produtos acabados (PA) disponíveis para a área de vendas efetuar as entregas aos clientes. Se a empresa é produtora de serviços, o PCP planeja e controla a produção desses serviços, cuidando inclusive da quantidade de mão de obra necessária, da quantidade de máquinas e equipamentos e demais recursos necessários para a oferta de serviços que atenda à demanda dos clientes e usuários.

O PCP está intimamente ligado ao sistema de produção que a empresa adota. As características de cada sistema de produção precisam ser totalmente atendidas pelo PCP. Isso significa que o PCP deve fazer funcionar da melhor maneira possível o sistema de produção utilizado pela empresa.

No fundo, os três sistemas de produção constituem gradações diferentes do *continuum* representado pela Figura 4.1.

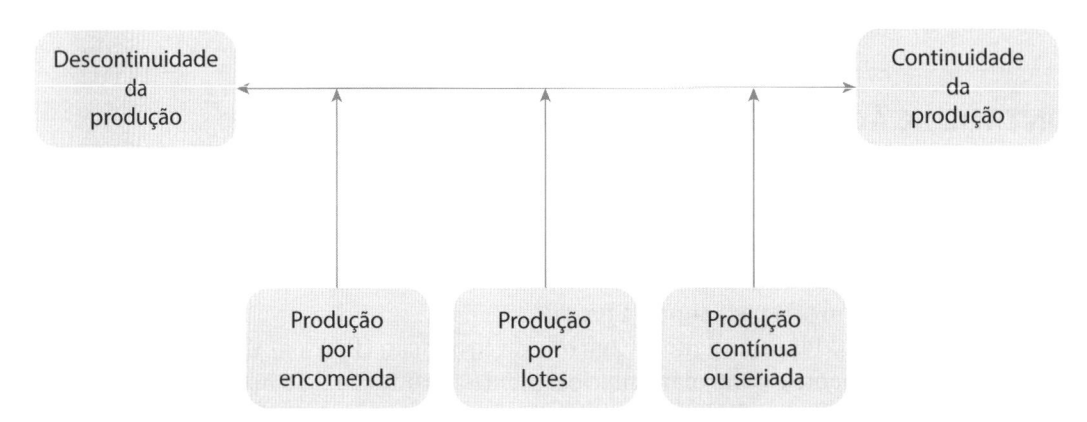

Figura 4.1 Os três sistemas de produção.

Assim, no sistema de produção por encomenda ocorre a maior descontinuidade na produção, enquanto a produção contínua é o sistema em que há maior continuidade no processo produtivo. A produção por lotes representa o sistema intermediário, em que a continuidade e a descontinuidade se alternam dependendo da duração de cada lote. Isso significa que o PCP é afetado pela descontinuidade da produção por encomenda e alcança a máxima regularidade na produção contínua. Na realidade, o PCP é feito sob medida para cada encomenda na produção sob encomenda; é feito por lotes para o conjunto de lotes na produção em lotes; e é baseado no exercício mensal ou anual na produção contínua. O Quadro 4.1 permite uma visão simplificada das três situações.

Quadro 4.1 Sistemas de produção e sistemas de PCP

Sistemas de produção	Almoxarifado de matérias-primas (MP)	Subsistema de produção	Depósito de PA
Produção por encomenda	Planejamento e controle de MP para cada encomenda	PCP em cada encomenda	Planejamento e controle de PA em cada encomenda
Produção em lotes	Planejamento e controle de MP em cada lote e no conjunto de lotes	PCP em cada lote e no conjunto de lotes	Planejamento e controle de PA em cada lote e no conjunto de lotes
Produção contínua	Planejamento e controle de MP para o exercício mensal ou anual	PCP para o exercício mensal ou anual	Planejamento e controle de PA para o exercício mensal ou anual

Aumente seus conhecimentos sobre **O PCP como um processador de dados** na seção *Saiba mais GM 4.1*

4.2 FASES DO PLANEJAMENTO E CONTROLE DA PRODUÇÃO

O PCP funciona como um verdadeiro centro de processamento de informações sobre a produção. Ele recolhe dados e processa informações que servirão para apoiar as decisões a serem tomadas para a coordenação de todos os órgãos relacionados direta ou indiretamente com a produção da empresa. Basicamente, o PCP atua em quatro fases principais:

1. Projeto de produção.
2. Coleta de informações.
3. Planejamento da Produção (PP): formulação, implementação e execução do plano de produção.
4. Controle da Produção (CP).

Essas quatro fases podem ser representadas conforme a Figura 4.2.

```
Projeto de produção → Coleta de informações → Planejamento da produção → Controle da produção
                                                      ↑
                        ┌─────────────────────────────┼─────────────────────────────┐
                Formulação do plano de produção   Implementação do plano de produção   Execução do plano de produção
```

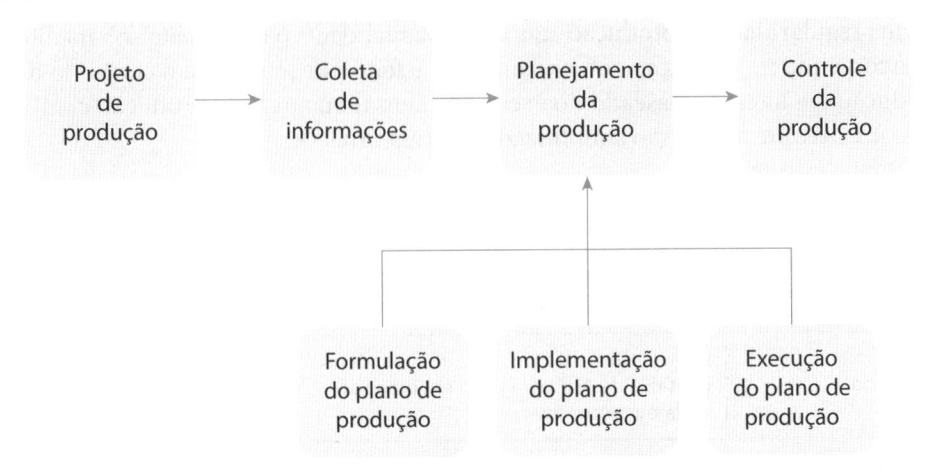

Figura 4.2 As quatro fases do PCP.

Vejamos cada uma das quatro fases do PCP.

4.2.1 Projeto de produção

A primeira fase do PCP é representada pelo projeto de produção ou pré-produção ou, ainda, planejamento de operações. O projeto de produção procura definir como o sistema de produção deverá funcionar e quais suas dimensões para se estabelecer os parâmetros básicos do PCP. Em geral, o projeto de produção é relativamente permanente e sofre poucas mudanças com o tempo, a não ser que o sistema de produção passe por alterações, como aquisição de máquinas, admissão de pessoal, novas tecnologias etc.

O projeto de produção é um esquema básico que se fundamenta em três aspectos do sistema produtivo:

1. **Máquinas e equipamentos**: quantidade e características das máquinas e baterias de máquinas em cada departamento ou seção para se avaliar a capacidade de produção em cada departamento ou seção.
2. **Pessoal disponível**: quantidade de pessoal, ou seja, o efetivo de pessoas e cargos ocupados em cada departamento ou seção, para se avaliar a capacidade de trabalho em cada departamento ou seção.
3. **Materiais necessários**: volume de estoque disponível e procedimentos de requisição de materiais ao almoxarifado para avaliar a disponibilidade de insumos de produção.

Esses três aspectos do sistema de produção formam o arcabouço do projeto de produção no qual o PCP deverá se basear. O projeto de produção oferece um quadro geral de todo o conjunto do sistema de produção da empresa. Contudo, permite uma visão estática que precisa ser quantificada e detalhada pela coleta de informações.

> Aumente seus conhecimentos sobre **Conteúdo do Projeto de Produção** na seção *Saiba mais GM 4.2*

4.2.2 Coleta de informações

A segunda fase do PCP é a coleta de informações. Trata-se de um detalhamento e uma quantificação da primeira fase para proporcionar subsídios para a montagem do plano de produção. A Figura 4.3 dá uma ideia da relação entre o projeto de produção e a coleta de informações.

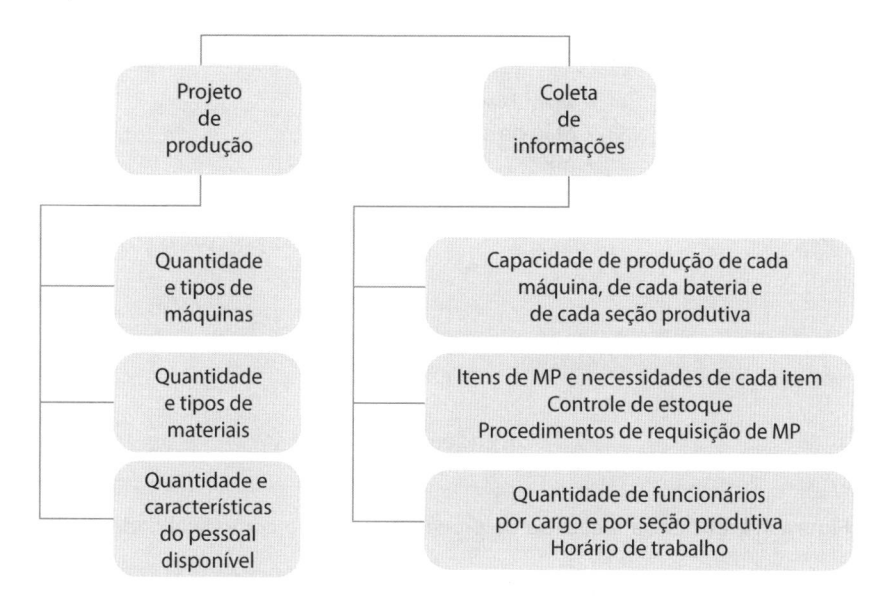

```
                    ┌─────────────┴─────────────┐
              Projeto                        Coleta
                de                             de
             produção                      informações
         ┌───────┤                    ┌────────┤
         │  Quantidade                │  Capacidade de produção de cada
         │  e tipos de                │  máquina, de cada bateria e
         │  máquinas                  │  de cada seção produtiva
         │                            │
         │  Quantidade                │  Itens de MP e necessidades de cada item
         │  e tipos de                │  Controle de estoque
         │  materiais                 │  Procedimentos de requisição de MP
         │                            │
         │  Quantidade e              │  Quantidade de funcionários
         │  características           │  por cargo e por seção produtiva
         │  do pessoal                │  Horário de trabalho
         │  disponível
```

Figura 4.3 Arcabouço do projeto de produção e da coleta de informações.

Após a elaboração da primeira fase (projeto de produção) e o detalhamento da segunda fase (coleta de informações), pode-se dar início à terceira fase, que é o PP.

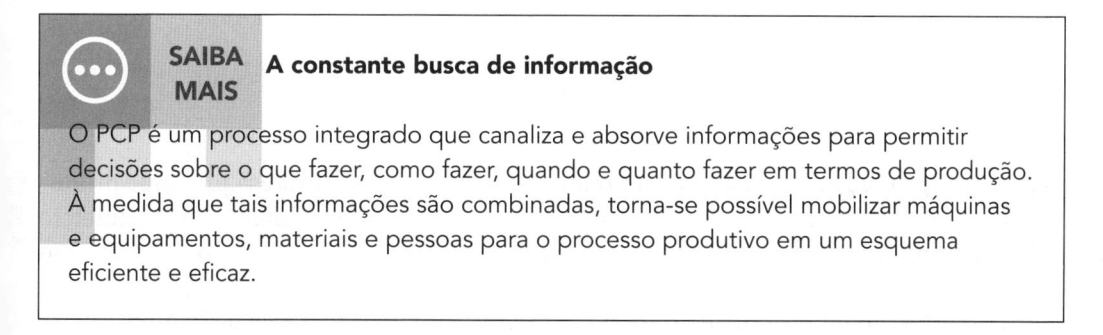

> **SAIBA MAIS — A constante busca de informação**
>
> O PCP é um processo integrado que canaliza e absorve informações para permitir decisões sobre o que fazer, como fazer, quando e quanto fazer em termos de produção. À medida que tais informações são combinadas, torna-se possível mobilizar máquinas e equipamentos, materiais e pessoas para o processo produtivo em um esquema eficiente e eficaz.

4.2.3 Planejamento da Produção

O PP constitui a terceira fase do PCP. O PP visa estabelecer, *a priori*, o que a empresa poderá produzir em determinado período de tempo, tendo em vista, de um lado, sua capacidade de produção e, de outro lado, a previsão de vendas que deve ser atendida. O

PP busca compatibilizar a eficácia (alcance dos objetivos de vendas) e a eficiência (utilização rentável dos recursos disponíveis). Para tanto, o PP procura coordenar e integrar máquinas, pessoas, MP, materiais em vias e processos produtivos em um todo sistêmico e harmonioso.

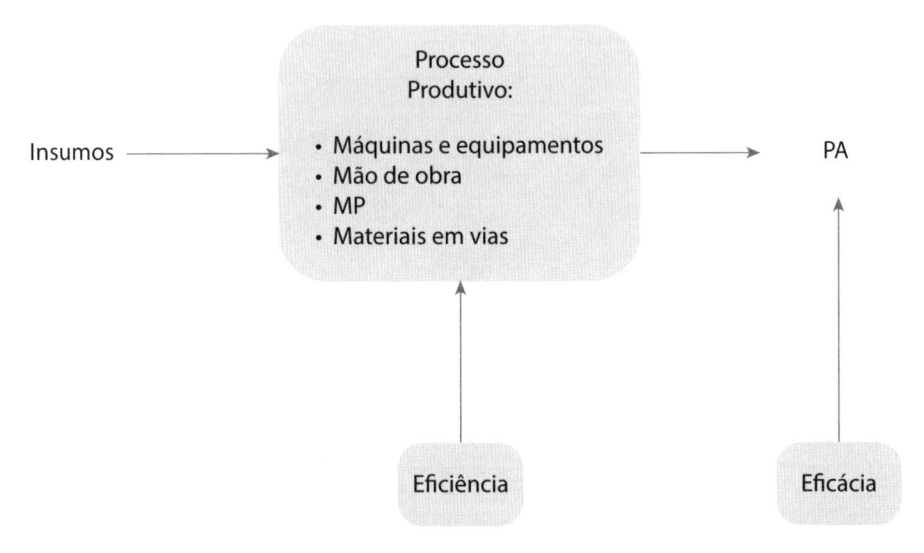

Figura 4.4 Eficiência e eficácia do processo produtivo como finalidade do PP.

O PP se assenta nas duas primeiras fases do PCP, isto é, no projeto de produção e na coleta de informações a respeito do processo produtivo. Dessa maneira, o PP é realizado em três etapas:

1. Formulação do plano de produção.
2. Implementação do plano de produção por meio da programação da produção.
3. Execução do plano de produção por meio das emissões de ordens.

Cada uma dessas três etapas do plano de produção será explicada a seguir.

4.2.3.1 Formulação do plano de produção

O plano de produção ou plano mestre representa aquilo que a empresa pretende produzir dentro de determinado exercício ou período de tempo. Geralmente, esse exercício é de um ano quando se trata de produção contínua e em lotes. No caso de produção sob encomenda de produto de grande porte (como construção de navios, edifícios ou fábricas), o plano de produção cobre o tempo necessário para a execução do produto. De toda maneira, a elaboração do plano de produção depende do sistema de produção utilizado pela empresa.

Capítulo 4 – Programação de Materiais

```
Plano de produção
  → Produção sob encomenda → Plano de produção sob encomenda
  → Produção em lotes → Plano de produção do conjunto de lotes
  → Produção contínua ou seriada → Plano de produção do período mensal ou anual
```

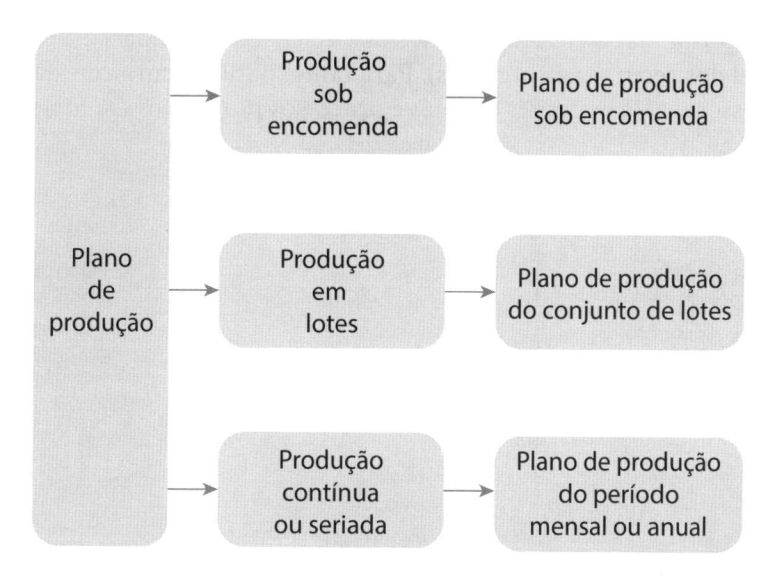

Figura 4.5 Plano de produção nos três sistemas de produção.

Se a empresa utiliza o sistema de produção sob encomenda, a própria encomenda ou pedido do cliente é que definirá o plano de produção, pois cada encomenda é em si mesma um plano de produção. Se a empresa utiliza o sistema de produção em lotes ou de produção contínua, a previsão de vendas é transformada em plano de produção.

No sistema de produção em lotes e no de produção contínua, o plano de produção é função da previsão de vendas. Se houver estoque de PA no depósito de PA no início do período, isso representa uma produção já executada no período anterior. A previsão de vendas é a estimativa do volume de vendas que a empresa pretende atingir em dado período de tempo. A capacidade de produção, como já vimos no capítulo anterior, representa o pleno potencial de produção que a empresa pode desenvolver.

> **SAIBA MAIS** **Cada sistema de produção tem suas peculiaridades**
>
> Cada sistema de produção tem suas características e sua lógica própria. O sistema por encomenda depende do pedido do cliente e envolve toda a produção até a total entrega do produto encomendado pelo cliente. Cada encomenda tem seu PCP de ponta a ponta. O sistema por lotes focaliza cada lote em particular durante todo o tempo em que estiver em produção. Em geral, muitas empresas tocam simultaneamente vários lotes de produção, o que pode complicar o processo produtivo.

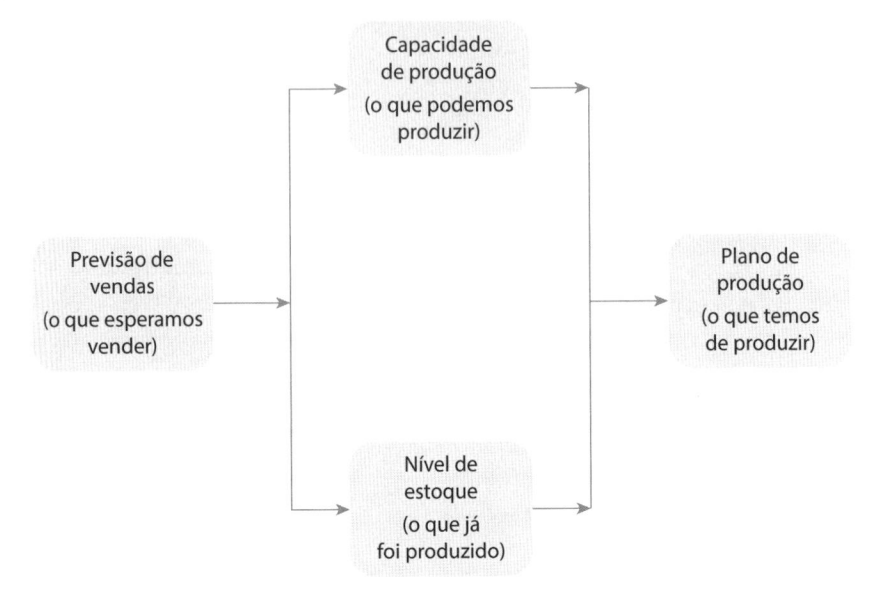

```
        Capacidade
        de produção
       (o que podemos
           produzir)

Previsão de                           Plano de
  vendas                              produção
(o que esperamos                   (o que temos
    vender)                         de produzir)

         Nível de
         estoque
        (o que já
       foi produzido)
```

Figura 4.6 Elaboração do plano de produção.

Qualquer que seja o sistema de produção utilizado pela empresa, o plano de produção deve dimensionar a carga de trabalho que aproveite integralmente sua capacidade de produção. Carga de trabalho é o cálculo do volume de trabalho a ser atribuído a cada seção ou máquina em determinado período de tempo, para atender ao plano de produção. O dimensionamento da carga de trabalho não pode ser exagerado nem insuficiente. Quando é exagerado, pode provocar sobrecarga, que é a atribuição de carga acima da capacidade de produção. Quando é insuficiente, o dimensionamento está muito aquém da capacidade de produção e provoca capacidade ociosa. Capacidade ociosa é a capacidade de produção não aproveitada e que permanece sem qualquer utilização.

> Acesse conteúdo sobre **Capacidade ociosa** na seção *Tendências em GM 4.1*

4.2.3.2 Implementação do plano de produção por meio da programação da produção

A partir da formulação do plano de produção, o PCP passa a cuidar da programação da produção. A programação da produção é o detalhamento do plano de produção para que ele possa ser executado de maneira integrada e coordenada pelos diversos órgãos produtivos e demais órgãos de assessoria.

Programar produção significa determinar quando deverão ser realizadas as tarefas e operações de produção. No fundo, programar produção é estabelecer uma agenda de compromissos para as diversas seções envolvidas no processo produtivo. A programação da produção detalha e fragmenta o plano de produção – que é amplo e genérico – para que possa ser executado no dia a dia da empresa. Para tanto, a programação da produção faz o roteiro (sequência do processo produtivo) e o aprazamento (estabelecimento de datas de início e fim de cada atividade).

A programação da produção utiliza duas variáveis para detalhar o plano de produção: o tempo (definido em dias, semanas ou meses) e a produção (definida em quantidade de unidades, quilos, metros etc.). Em resumo, a programação da produção trata de estabelecer cronogramas detalhados de execução do plano de produção. Assim, as técnicas de programação da produção se resumem basicamente em cronogramas, como o Gráfico de Gantt, do qual damos um exemplo a seguir.

Feitos o roteiro e o aprazamento por meio de cronogramas, a programação da produção passa a cuidar da emissão de ordens para os órgãos envolvidos direta ou indiretamente no processo produtivo.

Quadro 4.2 Programação da produção por meio do Gráfico de Gantt

Seções	Janeiro				Fevereiro				Março				
	1	2	3	4	1	2	3	4	1	2	3	4	1
Seção A													
Máq. 1		xxxxxxxxxxxxxxxxxxxxxxxx Lote 402 xxxxxxxxxxxxxxxxxxxxxxxxxxxx											
Máq. 2		- em manutenção -											
Máq. 3		xxxxxxxxxxxxxxxxxxxxxx Lote 403 xxxxxxxxxxxxxxxxxxxxxxxxxxxxxx											
Seção B													
Torno 1	xxxxxxx Lote 398 xxxxxxxxxxxxxx - - - - - - - - - em manutenção - - - - - -												
Torno 2	- - - - - - - em manutenção - - - - - - xxxxxxxxxx Lote 399 xxxxxxxxxxxxxx												

4.2.3.3 Execução do plano de produção por meio da emissão de ordens

Uma vez programada a produção, os diversos órgãos envolvidos direta ou indiretamente no processo produtivo devem executar o programa de maneira integrada e coordenada. Para que isso aconteça, a programação da produção transforma o plano de produção em uma infinidade de ordens que deverão ser executadas pelos diversos órgãos da empresa, como Produção, Compras (aquisição de materiais), Almoxarifado (estoque de materiais), Depósito (estoque de PA), Controle de Qualidade (inspeção de qualidade), Custos (contabilidade de custos), Contabilidade (registros contábeis), Finanças (pagamento de fornecedores), Orçamento (dotação de verbas), Recursos Humanos (pessoal disponível) etc.

Acesse conteúdo sobre **Ordens** na seção *Tendências em GM* 4.2

Para atender a tantos órgãos, existem vários tipos de ordens:

- **Ordem de Produção (OP)**: é a comunicação para produzir que é enviada para uma seção produtiva a fim de autorizá-la a executar determinado volume de produção.
- **Ordem de Montagem (OM)**: corresponde a uma OP destinada aos órgãos produtivos de montagem ou de acabamento para autorizar determinado volume de produção.
- **Ordem de Serviço (OS)**: é a comunicação sobre solicitação de prestação interna de serviços, como serviço de inspeção de qualidade, serviço de reparo ou de manutenção de máquinas etc.
- **Ordem de Compra (OC)**: é a comunicação enviada ao órgão de Compras solicitando a aquisição de material.
- **Requisição de Materiais (RM)**: é a comunicação que solicita material do Almoxarifado para ser destinado a alguma seção produtiva.

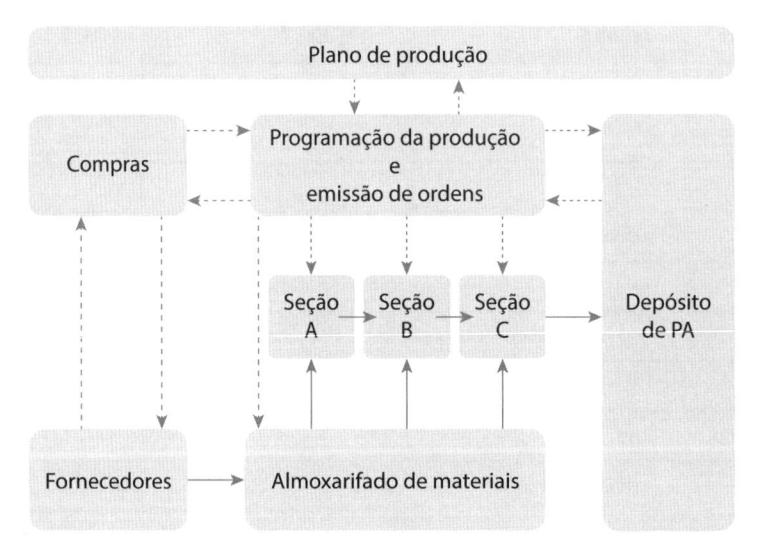

Figura 4.7 Fluxo de comunicações da programação da produção.

Todas essas ordens envolvem um grande número de formulários destinados aos diversos órgãos envolvidos no processo produtivo para que cada um saiba exatamente o que fazer. Assim, elas detonam um fluxo de comunicações que é coordenado pela programação da produção para integrar todo o processo produtivo.

Com as emissões das diversas ordens, todos os órgãos envolvidos direta ou indiretamente no processo produtivo podem passar a trabalhar em conjunto. No fundo, as ordens representam as decisões tomadas e que cada órgão deverá executar para que todo o processo produtivo se desenvolva da melhor maneira possível. Isso significa coordenação e, sobretudo, sinergia para que a atividade produtiva alcance desempenho e ofereça resultados.

4.2.4 Controle da Produção

O CP constitui a quarta e última fase do PCP. A finalidade do CP é acompanhar, monitorar, avaliar e regular as atividades produtivas para mantê-las dentro do que foi planejado e assegurar que atinjam os objetivos pretendidos. O controle existe para corrigir possíveis erros e, com isso, evitar erros futuros. Todo controle impõe mensuração para que tenha objetividade e clareza.

O CP atua principalmente sobre quatro aspectos da produção: controles de quantidade, de qualidade, de tempo e de custos. Vejamos cada um deles na Figura 4.8.

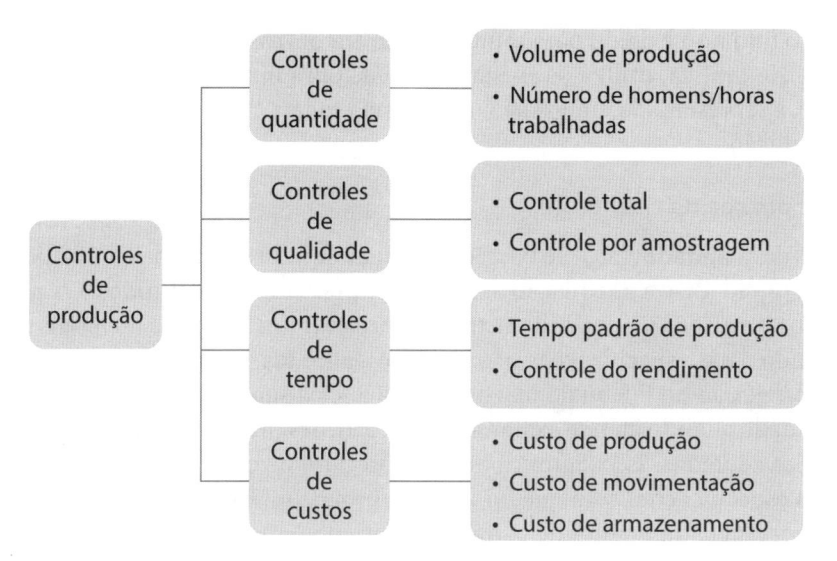

Controles de produção:
- Controles de quantidade
  - Volume de produção
  - Número de homens/horas trabalhadas
- Controles de qualidade
  - Controle total
  - Controle por amostragem
- Controles de tempo
  - Tempo padrão de produção
  - Controle do rendimento
- Controles de custos
  - Custo de produção
  - Custo de movimentação
  - Custo de armazenamento

Figura 4.8 Controles de produção.

4.2.4.1 Controles de quantidade

Os controles de quantidade são baseados na comparação entre quantidade prevista e quantidade executada e realmente alcançada. Os controles que o CP efetua sobre o volume de produção são os seguintes:

- **Volume de produção**: é a quantidade de produtos/serviços (P/S) produzidos dentro de determinado período de tempo. Representa a saída ou o resultado do sistema de produção. Se a empresa produz geladeiras, o volume de produção é o número de geladeiras produzidas no período – seja de um dia, uma semana, um mês ou um ano. Se a empresa é um banco, o volume de produção pode ser avaliado em termos de quantidade de clientes atendidos ou quantidade de cheques compensados no dia, na semana ou no mês. O CP pode também ser feito ainda por máquina ou por seção produtiva no decorrer do período considerado. O volume de produção é geralmente apresentado em gráficos para melhor

visualização, como o histograma, o cronograma, o Gráfico de Gantt etc., para comparar o volume planejado e o volume real obtido no período.
- **Número de horas trabalhadas**: representa a quantidade de trabalho realizado em determinado número de horas. Geralmente, utiliza-se a expressão homens/horas trabalhadas, que é obtida pela equação:

$$\text{Número de homens/horas trabalhadas} = \text{Número de operários diretos} \times \text{Número de horas de trabalho no mês}$$

O número de homens/horas de trabalho não constitui um resultado final de produção, e sim o esforço humano exigido para atingi-lo. Ou, em outros termos, desempenho da força de trabalho. Na prática, utiliza-se apenas a mão de obra direta para esse tipo de controle. Geralmente, é representado em gráficos, da mesma forma como vimos no controle de volume de produção.

4.2.4.2 Controles de qualidade

Os controles de qualidade (CQ) são baseados na qualidade prevista e na qualidade realmente alcançada. Qualidade é a adequação aos padrões previamente definidos. Os padrões são denominados especificações quando se trata de projetar um P/S ou os materiais que o compõem. Quando essas especificações não são bem definidas, a qualidade torna-se ambígua e a aceitação/rejeição do P/S ou do material passa a ser discutível. Diz-se que um produto é de alta qualidade quando atende exatamente aos padrões preestabelecidos e exibe as exatas especificações adotadas. Isso significa que um produto de elevada qualidade reproduz os padrões e as especificações com que foi criado e projetado. Com essas definições, torna-se óbvia a importância da qualidade como elemento de redução de custos. Se o projeto do produto não for bem-feito, a adequação dos materiais às especificações desse projeto poderá provocar problemas futuros. Se o projeto for bem-feito, mas a produção não for bem executada, os produtos serão refugados e rejeitados. Se o projeto e a produção andarem bem, mas as MP não forem inspecionadas na recepção, o produto final provavelmente não atenderá às especificações e deverá ser refugado. São perdas enormes – tanto de trabalho quanto de material e tempo, para não se falar em cancelamento de pedidos junto à clientela e ausência de faturamento –, perdas essas que podem ser evitadas com a adoção de uma política de qualidade em todas as áreas da empresa. O raciocínio básico é de que a qualidade custa dinheiro, mas a ausência dela custa muito mais ainda.

O CQ é uma técnica que permite localizar desvios, defeitos, erros ou falhas nas especificações do produto e dos materiais que o compõem. Para tanto, o CQ compara o desempenho do produto e dos materiais com as especificações que servem como padrão de comparação. Essa comparação pode ser feita de duas maneiras:

1. **CQ 100%**: corresponde ao **controle total da qualidade**. Significa que a totalidade dos produtos ou materiais deve ser comparada com o respectivo padrão de comparação para verificar se há desvio ou variação. Nesse sentido, toda MP recebida dos fornecedores deve ser inspecionada, todo material em processamento deve ser inspecionado, todo trabalho de cada seção produtiva deve ser inspecionado, e assim por diante. A inspeção

total ou CQ 100% é imprescindível em determinados tipos de produtos ou materiais, quando o valor unitário é elevado ou quando a garantia de qualidade é necessária, como em empresas que adotam o sistema de produção sob encomenda. A inspeção total exige pessoal especializado em CQ, além de muitas paradas no processo produtivo para a devida inspeção e, em consequência, custo final elevado.

2. **CQ por amostragem**: como o controle total (100%) custa caro, muitas empresas adotam o CQ por amostragem, isto é, o CQ por lotes de amostras que são recolhidos aleatoriamente, ou seja, ao acaso, para serem inspecionados. O controle amostral substitui com algumas vantagens o controle total, pois não interfere no processo produtivo, não requer paradas na produção nem grande quantidade de pessoal especializado em CQ. Se a amostra é aprovada pelo CQ, então todo o lote, por extensão, será aprovado. Se a amostra for rejeitada, todo o lote deverá ser inspecionado. A amostra deve representar uma parte representativa do universo a ser inspecionado. O CQ por amostragem é amplamente utilizado por empresas do ramo alimentício (leite, laticínios, sucos de frutas, massas alimentícias etc.), dos ramos químico e petroquímico (petróleo, combustíveis, lubrificantes, tintas e vernizes etc.), e por uma infinidade de indústrias que adotam o sistema de produção contínua ou em lotes.

4.2.4.3 Controles de tempo

São controles baseados na comparação entre o tempo previsto no planejamento e o tempo alcançado na execução. Os principais **controles de tempo** são:

- **Tempo padrão de produção**: representa o nível satisfatório de produção atribuído a cada trabalhador ou tarefa em determinado período de tempo. O tempo padrão é calculado por meio do estudo do trabalho, que é geralmente realizado pelo órgão de Engenharia Industrial. Conhecendo-se previamente o tempo padrão para a realização de uma tarefa e tendo-se o número previsto de homens/horas de trabalho, pode-se prever o volume de produção a ser obtido por meio da simples relação entre os dados anteriores.
- **Controle de rendimento**: com a determinação dos tempos padrões individuais, pode-se estabelecer os padrões de rendimento para todas as seções produtivas, os quais servirão de base para o acompanhamento da produção.

4.2.4.4 Controles de custo

Controles de custo são baseados na comparação entre o custo previsto e o custo alcançado. As empresas procuram definir previamente quais serão os custos de sua produção e, por conseguinte, quais serão os custos de seus P/S. É o que geralmente recebe o nome de planejamento de custo ou pré-cálculo de custo, pelo qual se determinam os padrões de custo de produção ou do P/S.

O custo do P/S envolve o custo de produção mais o custo de distribuição. O custo de produção envolve custos diretos e custos indiretos. Assim, o custo do P/S pode ser assim desdobrado:

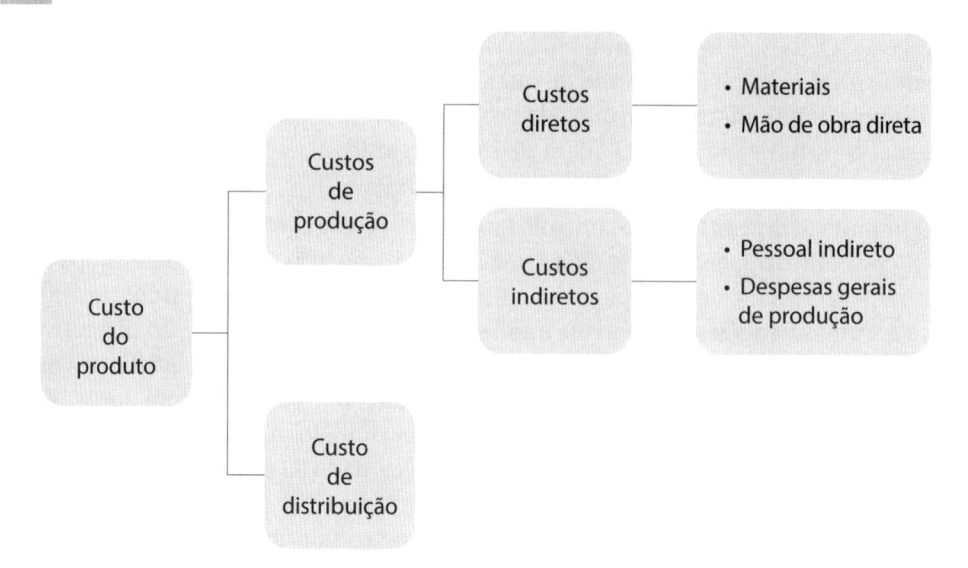

Figura 4.9 Custo do P/S.

Com os custos planejados, a empresa pode cotejar seus custos reais de produção e fazer as devidas comparações para verificar quais medidas corretivas deverão ser aplicadas no caso de eventuais desvios.

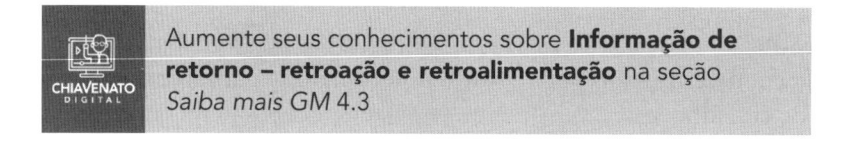

> Aumente seus conhecimentos sobre **Informação de retorno – retroação e retroalimentação** na seção *Saiba mais GM 4.3*

4.3 PROGRAMAÇÃO DE MATERIAIS

De todas as atividades do PCP, o que mais nos interessa neste livro é o processamento das OC e das RM. Tanto as OC quanto as RM se referem a decisões sobre materiais. Ambas são consequência da programação da produção elaborada a partir do plano de produção da empresa. Com ambas em mãos, pode-se fazer a programação de materiais. No fundo, a programação de materiais é uma derivação da programação da produção.

Programar materiais é determinar quanto e quando os materiais deverão estar disponíveis para abastecer os órgãos produtivos da empresa. Parte dos materiais está estocada no almoxarifado, enquanto outra deve ser comprada para reposição. A partir do recebimento das RM, o almoxarifado planeja suas operações de suprimento e abastecimento das diversas seções produtivas. A partir do recebimento das OC, o órgão de Compras planeja suas atividades de compras junto aos fornecedores externos. Isso significa que tanto o órgão de Almoxarifado quanto de compras precisam conhecer com antecedência as necessidades da empresa. Em outras palavras, tanto as RM quanto as OC precisam ser enviadas com certa antecipação para que possam ser atendidas dentro do aprazamento estabelecido.

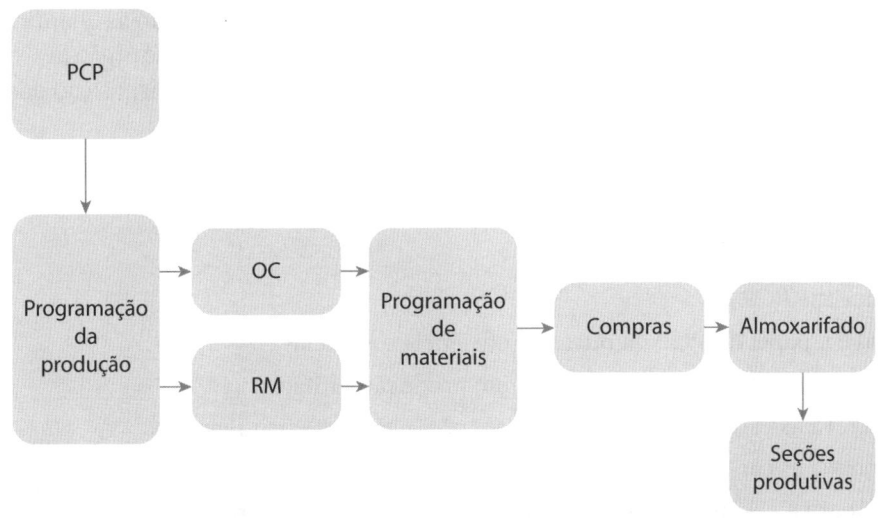

Capítulo 4 – Programação de Materiais

Figura 4.10 Programação de materiais como decorrência da programação da produção.

Ao programar a produção – detalhando as máquinas e a mão de obra necessárias –, o PCP também define os materiais necessários ao plano de produção da empresa. Com um detalhe: como alguns materiais não existem em estoque e precisam ser comprados para reposição – o que leva tempo –, torna-se imprescindível certa antecedência de dias, semanas ou meses para que possam ser pedidos, comprados e recebidos a fim de ingressar no processo produtivo. É por meio da programação de materiais que se determina a necessidade de materiais para abastecer o processo produtivo. A programação de materiais deve especificar a quantidade de materiais e a data em que terão de estar à disposição da produção.

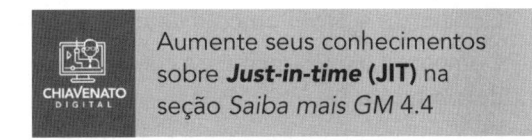

> Aumente seus conhecimentos sobre **Just-in-time (JIT)** na seção *Saiba mais GM 4.4*

Como vimos na programação da produção, a programação de materiais utiliza o cronograma para conciliar duas variáveis: tempo e quantidade. O tempo pode ser desdobrado em dias ou em semanas, conforme o grau de precisão de que a empresa necessite.

Quadro 4.3 Programação de materiais em Gráfico de Gantt

Código Descrição	1ª semana do mês						2ª semana do mês			
	2ª	3ª	4ª	5ª	6ª	Sáb.	2ª	3ª	4ª	5ª
Materiais requisitados ao almoxarifado										
0120 Parafuso 1"	100			100			100			100
2230 Rebite 030	50	50	50	50	50	50	50	50	50	50
3550 Arruela 1"	100	100	100	100	100	100	100	100	100	100
Materiais a serem comprados										
0220 Parafuso 2"	800						800			
2240 Rebite 040	400	500	400	500	400		400	500	400	500
3560 Arruela 2"										

A programação de materiais permite à empresa saber por antecipação as quantidades de materiais que devem ser requisitados ao almoxarifado ou comprados pelo órgão de Compras, bem como as datas ou os momentos determinados para colocá-los à disposição das seções produtivas.

QUESTÕES PARA REVISÃO

1. Para que existe o PCP?
2. Conceitue PCP.
3. Qual é o papel do PCP na busca de eficiência e eficácia?
4. Descreva as características do PCP em produção unitária.
5. Descreva as características do PCP em produção sob encomenda.
6. Descreva as características do PCP em produção contínua.
7. Compare a continuidade/descontinuidade da produção em cada um dos sistemas de produção.
8. Compare o aproveitamento da mão de obra em cada um dos sistemas de produção.
9. Compare o planejamento e o controle do almoxarifado de MP em cada um dos sistemas de produção.
10. Compare o planejamento e o controle do subsistema de produção em cada um dos sistemas de produção.
11. Compare o planejamento e o controle do depósito de PA em cada um dos sistemas de produção.
12. Quais são as fases do PCP?
13. Explique sucintamente a primeira fase do PCP, o projeto de produção.
14. Em que aspectos do sistema de produção se fundamenta o projeto de produção?
15. Descreva o arcabouço do projeto de produção.
16. Explique sucintamente a segunda fase do PCP, a coleta de informações.
17. Quais são os aspectos do projeto de produção detalhados pela coleta de informações?
18. Estabeleça uma comparação entre a primeira e a segunda fases do PCP.
19. Explique sucintamente a terceira fase do PCP, o PP.
20. Como o PP procura compatibilizar a eficiência e a eficácia?
21. Quais são as três etapas do PP?
22. Explique a formulação do plano de produção em cada um dos sistemas de produção.
23. Explique a elaboração do plano de produção.
24. O que é carga de trabalho?
25. Explique sobrecarga e ociosidade.
26. Explique a segunda etapa do PP, a implementação do plano de produção por meio da programação da produção.

27. O que é programar a produção?
28. Quais são as duas variáveis utilizadas pela programação da produção?
29. Explique a programação da produção por meio do Gráfico de Gantt.
30. O que é roteiro e aprazamento?
31. Explique a terceira etapa do PP, a execução do plano de produção por meio da emissão de ordens.
32. O que significa ordem?
33. Quais são os tipos de ordens emitidas pela programação da produção?
34. O que significa OP?
35. O que significa OM?
36. O que significa OC?
37. O que significa RM?
38. O que significa OS?
39. Como funciona o fluxo de informações da programação da produção?
40. Explique sucintamente a quarta fase do PCP, o CP.
41. Explique os controles de quantidade.
42. Explique o que é volume de produção.
43. Explique o número de homens/horas de trabalho.
44. Explique os CQ.
45. Conceitue qualidade.
46. O que é CQ 100%?
47. O que é CQ por amostragem?
48. Conceitue amostra.
49. Explique os controles de tempo.
50. O que é tempo padrão de produção?
51. Conceitue estudo do trabalho.
52. O que é padrão de rendimento?
53. Explique os controles de custo.
54. O que é planejamento de custo ou pré-cálculo de custo?
55. O que é programar materiais?
56. Qual é o papel das RM e das OC?
57. Quais são as duas variáveis utilizadas pela programação de materiais?
58. Explique a programação de materiais por meio do Gráfico de Gantt.

5 GESTÃO DE ESTOQUES

> **O QUE VEREMOS ADIANTE**
> - Conceituação de estoque.
> - Classificação de estoques.
> - Dimensionamento de estoques.
> - Planejamento e controle de estoques.
> - Avaliação de estoques.
> - Custos de estoques.

INTRODUÇÃO

Ao adotar o sistema de produção mais adequado às suas necessidades, cada empresa deve procurar fazê-lo funcionar da melhor maneira possível. No sistema de produção sob encomenda, é quase sempre o produto que permanece imóvel no centro, enquanto tudo o mais gira ao redor dele. O foco central está no produto encomendado. Nos demais sistemas – produção em lotes e produção contínua –, são os materiais que fluem ao longo ou ao redor do processo produtivo. O foco está no processo produtivo.

Para que o sistema de produção não sofra interrupções ou paralisações desnecessárias, torna-se imprescindível haver alguma garantia na quantidade de materiais que fluem ao longo do processo. Quase sempre essa garantia significa certa folga na quantidade de estoques. A essa folga de materiais damos o nome de estoque de materiais. Em geral, o estoque de materiais tem um nível de estoque de segurança para enfrentar possíveis contingências.

5.1 CONCEITUAÇÃO DE ESTOQUE

Estoque é a composição de materiais – matérias-primas (MP), materiais em processamento, materiais semiacabados, materiais acabados, produtos acabados (PA) – que não é utilizada em determinado momento na empresa, mas que precisa existir em função de futuras necessidades. Assim, o estoque constitui todo o sortimento de materiais que a empresa possui e utiliza no processo de produção de seus produtos/serviços (P/S).

A acumulação de estoques em níveis adequados é uma necessidade para o normal funcionamento do sistema produtivo. Em contrapartida, os estoques representam um enorme investimento financeiro. Desse ponto de vista, os estoques constituem um ativo circulante necessário para que a empresa possa produzir e vender com um mínimo risco de paralisação ou de preocupação. Os estoques representam um meio de investimento de recursos e podem alcançar uma respeitável parcela dos ativos totais da empresa. A administração dos estoques apresenta alguns aspectos financeiros que exigem um estreito relacionamento com a área de finanças, pois enquanto a Administração de Materiais (AM) está voltada para a facilitação do fluxo físico dos materiais e o abastecimento adequado à produção, a área financeira está preocupada com o lucro, a liquidez da empresa e a boa aplicação de todos os recursos empresariais.

As principais funções do estoque são:

- **Garantir o abastecimento de materiais à empresa**: neutralizando os efeitos de:
  - demora ou atraso no fornecimento de materiais;
  - sazonalidade no suprimento;
  - riscos de dificuldade no fornecimento.
- **Proporcionar economias de escala**:
  - por meio da compra ou da produção em lotes econômicos;
  - pela flexibilidade do processo produtivo;
  - pela rapidez e eficiência no atendimento às necessidades.

Os estoques constituem um vínculo entre as etapas do processo de compra e venda – no processo de comercialização em empresas comerciais – e entre as etapas de compra, transformação e venda – no processo de produção em empresas industriais. Em qualquer ponto do processo formado por essas etapas, os estoques desempenham um papel importante na flexibilidade operacional da empresa. Funcionam como amortecedores das entradas e saídas entre as duas etapas dos processos de comercialização e de produção, pois minimizam os efeitos de erros de planejamento e as oscilações inesperadas de oferta e procura, ao mesmo tempo em que isolam ou diminuem as interdependências das diversas partes da organização empresarial.

5.1.1 Estoque de segurança

Sua função é proteger o sistema produtivo quando a demanda (D) e o tempo de reposição (L) variam ao longo do tempo.[1] A variação da D representa um desvio-padrão ao redor da média da D e que flutua de acordo com as circunstâncias do mercado. Muitas vezes, a previsão de vendas sofre alterações bruscas em função de contingências não previstas. Também o L de materiais pode sofrer variações em função de problemas na cadeia de suprimentos. Assim, a D pode ser fixa e o L, variável ou, então, a D pode ser variável, e o L, fixo. Ambos podem ser fixos e ambos podem ser variáveis. Em função dessas contingências, as empresas decidem por um estoque de segurança para enfrentá-las e manter o sistema produtivo protegido das circunstâncias externas à empresa.

> **SAIBA MAIS** — **Estoque de segurança**
>
> É interessante notar que as empresas procuram assegurar que seu núcleo produtivo esteja protegido das influências externas representadas pela D dos produtos no mercado e pelo L dos materiais utilizados na produção que geralmente depende da cadeia de fornecedores. Para enfrentar essas variações externas, torna-se necessário um "colchão protetor' representado pelos estoques de materiais, sobretudo pelos estoques de segurança. É o estoque a mais, necessário para garantir a continuidade da produção mesmo em períodos de falta de materiais no mercado.

5.2 CLASSIFICAÇÃO DE ESTOQUES

Os estoques podem ser classificados de acordo com os mesmos critérios de classificação dos materiais:

- Estoques de MP.
- Estoques de materiais em processamento (ou em vias).
- Estoques de materiais semiacabados.
- Estoques de materiais acabados (ou componentes).
- Estoques de PA.

Vejamos melhor cada uma dessas classes de estoques de materiais.

5.2.1 Estoques de matérias-primas

Os estoques de MP constituem os insumos e os materiais básicos que ingressam no processo produtivo da empresa. São os itens iniciais para a produção dos P/S da empresa. Isso significa que a produção é totalmente dependente das entradas de MP para ter sua sequência e continuidade garantidas. Geralmente, as MP são compradas dos fornecedores externos pelo órgão de Compras e, quando recebidas, são estocadas no almoxarifado da empresa.

5.2.2 Estoques de materiais em processamento (ou em vias)

Os estoques de materiais em processamento – também denominados materiais em vias – são constituídos de materiais que estão sendo processados ao longo das diversas seções que compõem o processo produtivo da empresa. São, pois, os materiais em processo de produção ou em vias de serem processados em cada uma das seções produtivas da empresa. Não estão nem no almoxarifado – por não serem mais MP iniciais –, nem no depósito – por ainda não serem PA. São os materiais que ingressaram na empresa na forma de MP, saíram do almoxarifado e ainda estão transitando pelas etapas do processo produtivo da empresa em alguma seção. Mais adiante, serão transformados em PA.

5.2.3 Estoques de materiais semiacabados

Os estoques de materiais semiacabados referem-se aos materiais parcialmente acabados, cujo processamento está em algum estágio intermediário de acabamento e que se encontram também ao longo das diversas seções que compõem o processo produtivo. Diferem dos materiais em processamento pelo seu estágio mais avançado, pois se encontram quase acabados, faltando apenas mais algumas etapas do processo produtivo para se transformarem em materiais acabados ou em PA.

5.2.4 Estoques de materiais acabados ou componentes

Os estoques de materiais acabados – também denominados componentes – referem-se a peças isoladas ou componentes já acabados e prontos para serem anexados ao produto. São, na realidade, partes prontas ou montadas que, quando juntadas, constituirão o PA.

5.2.5 Estoques de produtos acabados

Os estoques de PA se referem aos produtos já prontos e acabados cujo processamento foi completado inteiramente. Constituem o estágio final do processo produtivo e já passaram por todas as fases: MP, materiais em processamento, materiais semiacabados, materiais acabados e PA.

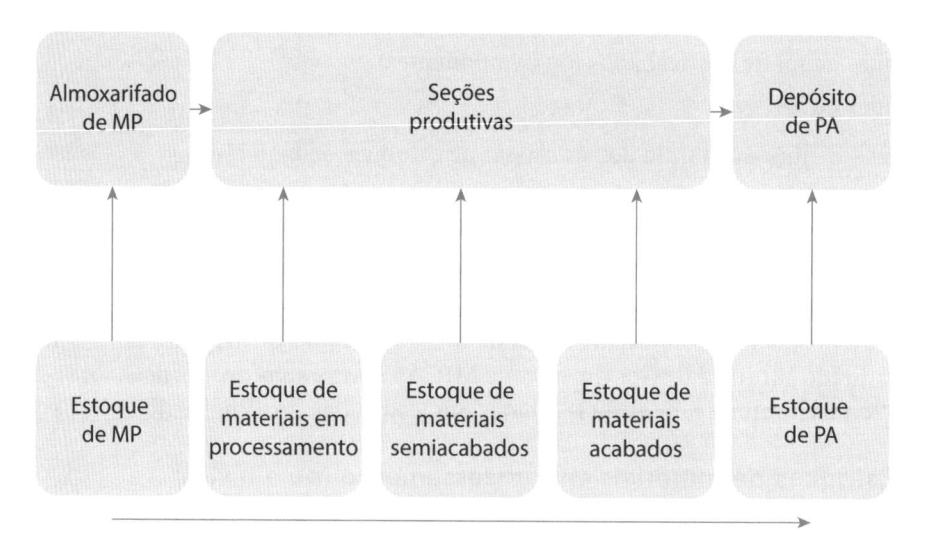

Figura 5.1 As quatro classes de estoques de materiais.

Ao conjunto das quatro classes de estoques de materiais dá-se o nome de estoque total de materiais. Item de estoque é qualquer MP, material, componente, ferramenta ou PA que existe em estoque na empresa. Quanto mais complexo ou diversificado for o produto final, maior será a diversidade de itens estocados e mais complicada será a AM.

> Aumente seus conhecimentos sobre **Diversidade e heterogeneidade de materiais** na seção *Saiba mais* GM 5.1

5.3 DIMENSIONAMENTO DE ESTOQUES

Cada área – seja o almoxarifado de MP, sejam as diversas seções produtivas ou o depósito de PA – tem interesse em aumentar seus níveis de estoques para garantir sua segurança e reduzir os riscos de falta de material para trabalhar. Daí surge o conflito com a área financeira, que pretende reduzir ao mínimo possível o capital investido em estoques e fazê-lo girar rapidamente para aumentar a rentabilidade do capital da empresa. O estoque é um investimento na medida em que exige forte aplicação de dinheiro por parte da empresa. Contudo, o nível de estoque de uma empresa apresenta simultaneamente aspectos positivos e negativos, dependendo de qual enfoque se utiliza. Assim, para a área financeira, os estoques significam capital investido e sem retorno algum enquanto ficam paralisados, ao passo que para compras significa melhores condições para negociar descontos e facilidades, e para a produção, maior segurança para o processo produtivo.

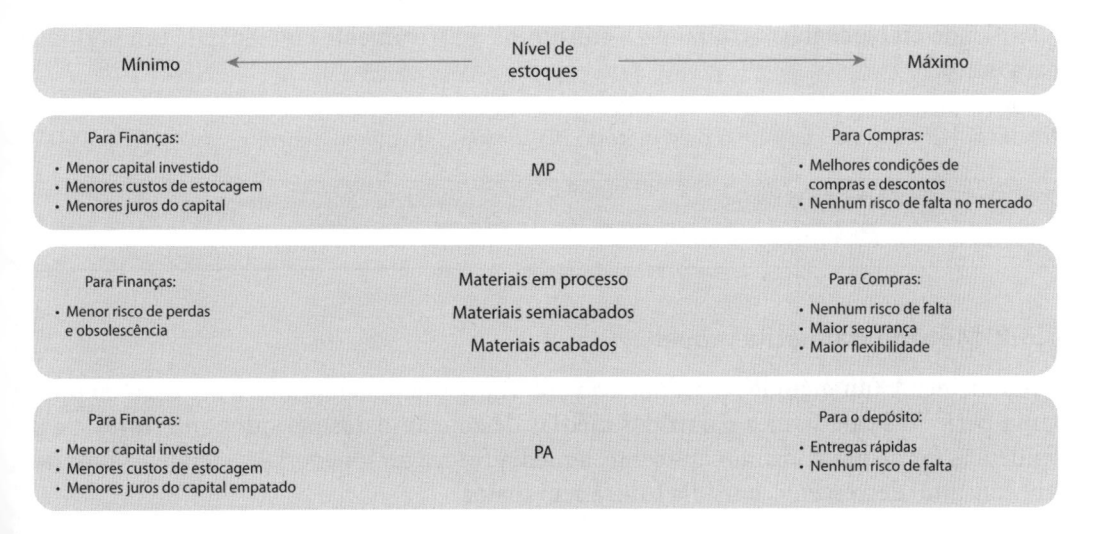

Mínimo ← Nível de estoques → Máximo		
Para Finanças: • Menor capital investido • Menores custos de estocagem • Menores juros do capital	MP	**Para Compras:** • Melhores condições de compras e descontos • Nenhum risco de falta no mercado
Para Finanças: • Menor risco de perdas e obsolescência	Materiais em processo Materiais semiacabados Materiais acabados	**Para Compras:** • Nenhum risco de falta • Maior segurança • Maior flexibilidade
Para Finanças: • Menor capital investido • Menores custos de estocagem • Menores juros do capital empatado	PA	**Para o depósito:** • Entregas rápidas • Nenhum risco de falta

Figura 5.2 Conflito de interesses quanto aos estoques.

Dimensionar o estoque significa estabelecer os níveis de estoque adequados ao abastecimento da produção sem resvalar nos dois extremos: excessivo estoque e estoque insuficiente. O estoque excessivo leva ao desperdício de dinheiro e a perdas financeiras decorrentes dos custos mais elevados de um estoque excessivo. O estoque insuficiente, por outro lado, conduz a paradas e interrupções da produção por inexistência de materiais, o que também provoca prejuízos à empresa. Ambos os extremos devem ser evitados.

O dimensionamento de estoques é fundamentado nos seguintes pressupostos:

- **O que**: quais materiais devem permanecer em estoque, isto é, quais são os itens de estoque?
- **Quanto**: qual volume de estoque será necessário para determinado período de tempo, isto é, qual é o nível de estoque para cada item?
- **Reposição**: quando os estoques devem ser reabastecidos, isto é, quais são a periodicidade das compras e o giro dos estoques?

O desafio está em saber quais materiais, quanto e quando deverão estar disponíveis para abastecer a produção. Cada tipo de material estocado é denominado item de estoque. Quanto maior o número de itens de estoque, maior a complexidade da Gestão de Materiais.

Na realidade, o dimensionamento dos níveis de estoque está fundamentado na previsão do consumo dos materiais. A previsão do consumo – também chamada previsão da demanda – é uma estimativa, *a priori*, de quanto determinado material será consumido ou necessário durante certo período de tempo.

As principais técnicas quantitativas utilizadas para calcular a previsão de consumo são: método do consumo do último período, método da média móvel e método da média móvel ponderada. Vamos analisá-los a seguir.

5.3.1 Método do consumo do último período

É o método mais simples e empírico. Baseia-se em prever o consumo do próximo período tendo por base o consumo ou a D do período anterior. Muitas vezes, adiciona-se certa quantidade ou percentagem, quando o consumo é relativamente crescente de um período para outro.

Tabela 5.1 Previsão de consumo pelo método do consumo do último período

Consumo do último ano	Previsão de consumo do próximo ano
1.000	1.100

5.3.2 Método da média móvel

É praticamente um método semelhante ao anterior, porém melhorado: a previsão do próximo período é calculada a partir das médias de consumo dos períodos anteriores. Se a tendência for de um consumo crescente, a média futura será menor. Se a tendência for de um consumo decrescente, a média futura será maior.

Tabela 5.2 Previsão de consumo pelo método da média móvel com duas alternativas: consumo crescente e consumo decrescente

Consumo crescente	Consumo decrescente
2010 .... 100.000	2010 .... 500.000
2011 .... 200.000	2011 .... 400.000
2012 .... 300.000	2012 .... 300.000
2013 .... 400.000	2013 .... 200.000
2014 .... 500.000	2014 .... 100.000
Acumulado 1.500.000	Acumulado 1.500.000
Média móvel 300.000	Média móvel 300.000

A vantagem desse método está em sua simplicidade e facilidade de cálculo. As desvantagens residem no fato de que as médias móveis são influenciadas por valores extremos e que os períodos mais antigos têm o mesmo peso que os atuais.

5.3.3 Método da média móvel ponderada

Trata-se de uma variação do método anterior. Os valores dos períodos mais recentes recebem um peso maior do que os valores dos períodos mais antigos.

Tabela 5.3 Previsão de consumo pelo método da média móvel ponderada

2009	100.000	×	1	=	100.000
2010	200.000	×	2	=	400.000
2011	300.000	×	3	=	900.000
2012	400.000	×	4	=	1.600.000
2013	500.000	×	5	=	2.500.000
Acumulado	1.500.000				5.500.000
Média ponderada					366.666

O dimensionamento do estoque depende, portanto, da previsão de consumo do material. Ao dimensionar o estoque, pretende-se atender a uma parte do consumo previsto, e não à sua totalidade, pois o consumo não ocorre de uma só vez, mas ao longo de um período de tempo. Assim, existe uma quantidade necessária e uma quantidade mínima atendidas pelo estoque. Daí ser preciso certa rotatividade ou giro de estoque.

A rotatividade – ou giro de estoque – é a relação entre o consumo anual e o estoque médio do item. Para medir a rotatividade, utiliza-se o índice de rotatividade (IR), que é calculado a partir da equação:

$$IR = \frac{\text{Consumo médio no período}}{\text{Estoque médio}}$$

O IR representa o número de vezes que o estoque gira no período considerado em relação ao consumo médio do item. Esse período pode ser um dia, um mês ou um ano. Assim, se o consumo médio de um item é de 1.000 peças por ano e o estoque médio no período é de 200 peças, então o IR será 5. Em outras palavras, o estoque do item girou 5 vezes no ano. Quanto maior o IR, menor será o investimento financeiro efetuado no estoque em função de seu consumo médio.

O IR pode também ser expresso em valores monetários de custo (para MP) ou de venda (para PA), como nas equações:

$$\text{IR da MP} = \frac{\text{Custo dos materiais utilizados}}{\text{Estoque médio das MP}}$$

$$\text{IR do PA} = \frac{\text{Custo das vendas}}{\text{Estoque médio dos PA}}$$

Invertendo-se a equação do IR, pode-se obter a chamada taxa de cobertura – também denominada antigiro –, que indica o número de vezes que o estoque roda no período considerado, seja dia, mês ou ano.

$$\text{Taxa de cobertura (ou antigiro)} = \frac{\text{Estoque médio}}{\text{Consumo médio no período}}$$

Se, por exemplo, um item tem um estoque médio de 6.000 peças e é consumido uma média de 4.000 peças por mês, o antigiro será: 6.000/4.000 = 1,5 meses. Enquanto o IR indica quantas vezes o estoque roda no período (anual, por exemplo), o antigiro indica quantos meses de consumo equivalem ao estoque médio.

O IR apresenta as seguintes vantagens:

- Apresenta um índice de fácil comparação de estoques entre várias empresas do mesmo ramo de atividade ou entre classes de itens de materiais.
- Pode ser utilizado como um padrão de comparação para as taxas reais de cada item ao longo dos meses.

Acesse conteúdo sobre **Nem mais nem menos** na seção *Tendências em GM* 5.1

5.4 PLANEJAMENTO E CONTROLE DE ESTOQUES

Um dos desafios da AM está em planejar e controlar os estoques para tentar mantê-los em níveis adequados de dimensionamento ou, então, reduzi-los sem afetar o processo produtivo e sem aumentar os custos financeiros. Os estoques tendem a flutuar e é muito difícil controlá-los em toda a sua extensão, pois os materiais se transformam rapidamente, por meio do processo produtivo, e a cada momento podem ser classificados diferentemente. De um lado, quando o estoque é obtido para uso futuro da produção, representa capital parado e passa a ser visto como um mal necessário, exigindo um grande esforço para controlar e reduzir tal investimento. De outro lado, torna-se também difícil determinar qual o estoque mínimo e depender da confiabilidade dos fornecedores quanto às entregas aprazadas.

Dessa maneira, os estoques não podem ser muito grandes, pois implicam desperdício e capital empatado desnecessariamente, nem podem ser muito pequenos, pois envolvem risco de falta de materiais e, consequentemente, paralisação da produção e não atendimento aos clientes. Para tanto, a empresa precisa conhecer seus estoques e obter dados e informações relevantes sobre eles. Para conhecer e controlar os estoques, são necessárias duas ferramentas administrativas básicas: o fichário de estoque e a Classificação ABC. Vejamos cada uma dessas ferramentas importantíssimas para a AM.

5.4.1 Banco de dados de estoque

O fichário de estoque – também denominado banco de dados sobre materiais – é um conjunto de documentos e informações que servem para informar, analisar e controlar os estoques de materiais. Quando o fichário de estoque ocupa um arquivo normal, seu processamento é manual e utilizam-se fichas em papel ou cartolina. Quando se utiliza o processamento de dados com ajuda de computador, tem-se um banco de dados. O fichário de estoque é composto por um conjunto de fichas de estoque (FE) ou planilhas de estoque. Cada empresa define o tipo de FE mais apropriado às suas necessidades e ao grau de sofisticação pretendido em seu processamento.

Normalmente, a FE deve conter as informações sobre os materiais apresentadas no Quadro 5.1.

Quadro 5.1 Principais informações da FE

---

1. Identificação do item:
a) Nome do item;
b) Número ou código do item;
c) Especificação ou descrição do item;
d) Unidade de medida (quilo, metro, litro, unidade);
e) Tipo de utilização (a que se destina o item).
2. Controle do item:
a) Estoque mínimo;
b) Lote econômico;
c) Demanda de consumo (utilização mensal);
d) Dias de espera para a chegada do pedido de renovação;
e) Fornecedores do item;
f) Porcentagem de perda ou rejeição na produção.
3. Entradas de material no estoque:
a) Recebimentos de material (entradas em quantidades);
b) Preço unitário em cada lote de recebimento;
c) Valor monetário de cada lote (quantidade × preço unitário).
4. Saídas de material do estoque:
a) Saídas de material em quantidades (requisições de materiais – RM – atendidas);
b) Preço unitário de cada lote de saída;
c) Valor monetário de cada lote (quantidade × preço unitário).
5. Saldo em estoque:
a) Saldo de estoque (quantidade existente em estoque);
b) Saldo disponível (quantidade existente + quantidade encomendada e ainda não recebida);
c) Saldo das encomendas (quantidade encomendada a receber);
d) Saldo das reservas (quantidade requisitada em RM e ainda não retirada no almoxarifado).
6. Valor do saldo em estoque:
a) Custo unitário de cada lote de entrada no almoxarifado;
b) Custo unitário médio;
c) Custo unitário de cada saída;
d) Valor monetário do saldo em estoque (unidades × custo unitário).
7. Rotação do estoque:
a) Soma das entradas (pedidos de reposição efetuados);
b) Soma das saídas (RM atendidas);
c) Porcentagem das entradas sobre as saídas.

A quantidade de informações contida nas FE determina o grau de sofisticação do controle de estoques da empresa. A utilização de programas de computador para essa finalidade é indispensável à medida que o número de itens a serem controlados aumenta. A informatização transforma o fichário de estoque em um banco de dados sobre materiais.

5.4.2 Classificação ABC

A Classificação ABC utilizada no planejamento e controle de estoques – também denominada Curva de Pareto – baseia-se no princípio de que a maior parte do investimento em materiais está concentrada em um pequeno número de itens. Foi essa a conclusão quase universal de Pareto, ao verificar que a maior parte da riqueza de uma economia (80%) está em mãos de um pequeno número de pessoas (20%). A Classificação ABC divide os estoques, de acordo com sua quantidade ou seu valor monetário, em três classes:

1. **Classe A**: é constituída de poucos itens (de 15% a 20% do total de itens) que são responsáveis pela maior parte (aproximadamente 80%) do valor monetário dos estoques. São os poucos itens mais importantes e que merecem uma atenção individualizada, pelo seu enorme volume ou valor monetário. O número de itens da **classe A** é pequeno, mas seu peso no investimento em estoques é enorme.
2. **Classe B**: é constituída de uma quantidade média de itens (35% a 40% do total de itens) que representam aproximadamente 15% do valor dos estoques. São os itens intermediários, que têm relativa importância no valor global dos estoques.
3. **Classe C**: é constituída de uma enorme quantidade de itens (40% a 50% do total de itens) de pequeno volume e que representam um valor desprezível (5% a 10%) dos estoques. São os itens mais numerosos e menos importantes, pois respondem com pouca importância ao valor global dos estoques.

Com a Classificação ABC dos materiais, a atenção maior da empresa passa a se concentrar nos poucos itens de classe A, cujo valor monetário é enorme – chegando a aproximadamente 80% do valor global investido em estoques. Os itens de classe B passam a receber uma atenção menor, enquanto os itens de classe C podem ser tratados por procedimentos semiautomáticos que não exijam muito tempo de decisão, pois seu valor monetário é pequeno.

A Classificação ABC pode ser transformada na curva ABC ou Curva de Pareto – colocando-se os itens num rol decrescente de grandeza, partindo-se dos itens mais importantes para os menos importantes. A seguir, colocam-se seus respectivos valores monetários e a porcentagem em relação ao valor global. Acumulam-se as porcentagens de cada item para verificar até onde vão os itens de classe A, B ou C.

Suponhamos uma empresa com os itens classificados em rol decrescente – em que os itens com maior valor monetário vêm antes, seguidos dos itens de menor valor monetário. Cada item tem seu respectivo valor e sua porcentagem em relação ao valor global dos estoques. Acumula-se tanto os valores monetários quanto as porcentagens para compor a Tabela 5.4.

Tabela 5.4 Acumulação dos estoques para composição da Classificação ABC

Classificação	Código do item	Valor do estoque do item	Porcentagem do item	Valor do estoque acumulado	Porcentagem acumulada
1	012	360.000	36,0	360.000	36,0
2	025	280.000	28,0	640.000	64,0
3	011	100.000	10,0	740.000	74,0
4	015	70.000	7,0	810.000	81,0
5	009	55.000	5,5	865.000	86,5
6	014	28.000	2,8	893.000	89,3
7	016	22.000	2,2	915.000	91,5
8	005	20.000	2,0	935.000	93,5
9	017	15.000	1,5	950.000	95,0
10	018	10.000	1,0	960.000	96,0
Demais itens		40.000	4,0	1.000.000	100,0

A partir da Tabela 5.4, pode-se classificar os itens A, B e C. Os itens classificados de 1 a 4 acumulam 81% do valor monetário dos estoques e fazem parte da classe A. Os itens 5 a 10 acumulam 15% do valor monetário dos estoques e fazem parte da classe B. Todos os demais itens restantes acumulam 4% do valor monetário dos estoques e fazem parte da classe C.

Com a Tabela 5.4, pode-se transformar a Classificação ABC na Curva ABC ou Curva de Pareto, transferindo-se os resultados para um gráfico cartesiano. A configuração da Curva ABC é muito semelhante para quase todas as empresas.

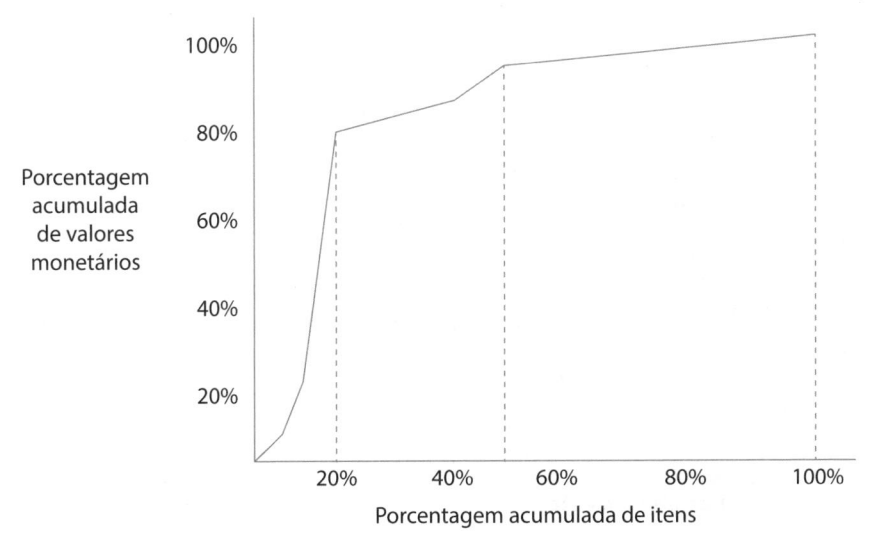

Figura 5.3 Curva ABC de estoques.

A Classificação ABC é baseada no bom senso e na conveniência de um adequado controle de estoques. Na prática, classifica-se no máximo 20% dos itens na classe A, cerca de 30% na classe B e os restantes 50% na classe C. Essas porcentagens poderão variar conforme as necessidades de cada empresa. O importante é saber onde concentrar mais a atenção nos estoques.

> Aumente seus conhecimentos sobre **A regra 80 + 20** na seção *Saiba mais GM 5.2*

Independentemente das ferramentas administrativas que acabamos de verificar – a FE e a Classificação ABC –, existem quatro métodos de controle de estoques:

1. Sistema de duas gavetas.
2. Sistema dos máximos-mínimos.
3. Sistema das reposições periódicas.
4. Planejamento das necessidades de materiais (MRP).

Vejamos cada um desses métodos de controle de estoques.

5.4.3 Sistema de duas gavetas

É o método mais simples de controlar estoques, principalmente dos itens de classe C, isto é, a enorme variedade de itens de pequeno valor. O sistema de duas gavetas é muito utilizado pelo comércio varejista de pequeno porte, pelos revendedores de autopeças e pelas empresas que lidam com numerosos itens de baixo valor.

O estoque é armazenado em duas caixas ou gavetas. A primeira caixa ou gaveta (gaveta A) tem uma quantidade de material equivalente ao consumo previsto no período. O almoxarifado atende às RM que chegam pelo estoque da gaveta A. Quando esse estoque chega a zero (gaveta vazia), o almoxarifado emite um pedido de compra ao órgão de Compras. Enquanto aguarda as providências para reposição do estoque, o almoxarifado passa a atender às RM pelo estoque da gaveta B para não interromper o abastecimento à produção. A gaveta B tem uma quantidade de material suficiente para atender à D durante o tempo necessário à reposição do estoque mais o estoque de segurança.

O sistema de duas gavetas também é denominado sistema de estoque mínimo quando a separação entre as duas partes do estoque não é feita fisicamente, mas apenas com o registro na FE do ponto de separação entre uma gaveta e outra.

Quadro 5.2 Sistema de duas gavetas

Gaveta A	Gaveta B
Estoque normal de atendimento	Estoque de reserva + estoque de segurança

As variações ao redor desse sistema são muitas. Algumas empresas mantêm o estoque de atendimento (gaveta A) nas prateleiras e uma reserva em sacos plásticos transparentes com um cartão de identificação. Quando termina o estoque A da prateleira, o almoxarife abre o saco de plástico e remete o cartão de identificação ao órgão de Compras para a reposição do estoque. Outras empresas anotam na FE a quantidade de material que pertence à gaveta B, isto é, a parte que deverá ser utilizada no período entre a data da encomenda e o recebimento do pedido de reposição. Quando o saldo em estoque atingir essa quantidade, deve-se emitir um pedido de compras ao órgão de Compras. Outras empresas utilizam, ainda, uma marca que indica a separação entre as duas gavetas na pilha de cada item. A marca pode ser o próprio pedido de reposição ao órgão de Compras.

A principal vantagem do sistema de duas gavetas reside na simplificação dos procedimentos burocráticos de reposição de material. A complicação surge quando um item é estocado em diferentes locais ou seções.

5.4.4 Sistema dos máximos-mínimos

É também denominado sistema de quantidades fixas. É utilizado quando há muita dificuldade para determinar o consumo ou quando ocorre variação no L. O L é o tempo gasto desde o momento em que se verificou a necessidade de repor o estoque até a chegada do material fornecido no almoxarifado da empresa. O sistema dos máximos-mínimos consiste em estimar os estoques máximo (Emax) e mínimo (Emin) para cada item, em função de uma expectativa de consumo previsto para determinado período de tempo. O estoque deverá oscilar entre os limites máximo e mínimo. A partir daí, calcula-se o ponto de pedido (PP) de acordo com o tempo de reposição do item.

Emin é uma quantidade em estoque que, quando atingida, determina a necessidade de encomendar um novo lote de material. O Emin é igual ao estoque de reserva (ER) mais o consumo médio do material multiplicado pelo tempo de espera médio, em dias, para sua reposição. A equação do Emin é a seguinte:

$$Emin = ER + dt$$

onde:
Em que: d = consumo médio do material;
t = tempo de espera médio, em dias, para reposição do material.

O ER é o estoque de reserva ou de segurança, para evitar o possível esgotamento do estoque em casos de excepcional demanda ou atraso no fornecimento. No fundo, o ER é uma quantidade morta em estoque e que somente é consumida em caso de extrema necessidade. Destina-se a cobrir eventuais atrasos na reposição do estoque e garantir a continuidade do abastecimento da produção sem o risco de falta de material em estoque, que provoca o custo da ruptura, isto é, o custo de paralisação da produção quando um pedido é atrasado ou não pode ser entregue pelo fornecedor.

Emax é a quantidade equivalente à soma do Emin e a reposição com o lote de compra. Assim:

$$Emax = Emin + \text{lote de compra}$$

- **PP**: é uma quantidade de estoque que, quando atingida, deverá provocar um novo pedido de compra para reposição de estoque.
- **Intervalo de reposição (IR)**: ou intervalo de ressuprimento ou, ainda, período de reposição. É o período de tempo entre duas reposições do material. O IR é o intervalo de tempo entre dois PP.

Para representar o sistema dos máximos-mínimos, utiliza-se a chamada curva dente de serra, conforme a Figura 5.4. Na abcissa, está o tempo decorrido para o consumo (T), geralmente em meses, enquanto na ordenada está a quantidade (Q), em unidades de material em estoque no intervalo de tempo.

O Emax é atingido quando da chegada do material que, à medida que vai sendo consumido, tende a reduzir o nível de estoque. Quando o nível chega ao PP, está no momento de se fazer um novo pedido ao órgão de Compras. A chegada do material ao almoxarifado deve coincidir com o Emin, que não pode ser ultrapassado. O Emin mais o lote comprado eleva o estoque ao Emax novamente, que vai sendo consumido, e assim sucessivamente.

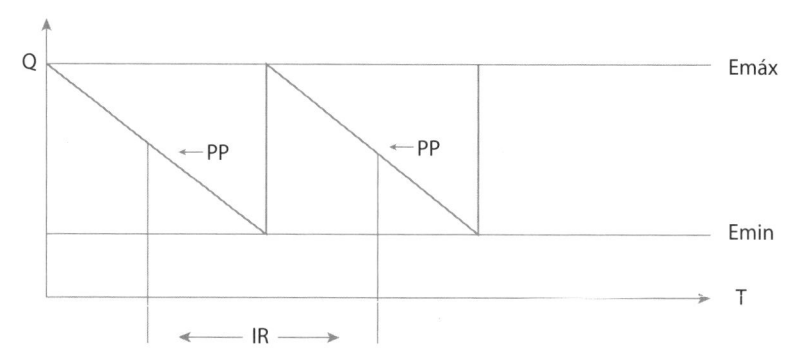

Figura 5.4 Sistema dos máximos-mínimos.

No sistema dos máximos-mínimos, os PP e os Q são fixos e constantes, e as reposições ocorrem em períodos variáveis, sempre quando o nível de estoque alcança o PP.

A vantagem desse sistema reside na relativa automatização do processo de reposição, podendo ser utilizado para todos os itens de classes A, B ou C.

5.4.5 Sistema das reposições periódicas

Também denominado sistema das renovações ou revisões periódicas, é um sistema que consiste em fazer pedidos para reposição dos estoques em intervalos de tempo estabelecidos para cada item. Cada item possui seu período de renovação adequado para minimizar o custo de estocagem. Assim, a reposição do material é feita periodicamente em ciclos de tempo iguais, denominados períodos de reposição (PR). A quantidade de material pedida deverá ser igual à necessidade da D do próximo período. O sistema das reposições periódicas é baseado em um Emin ou de segurança para prevenir o consumo acima do normal ou possíveis atrasos da entrega nas épocas de reposição.

O período mais econômico para a renovação do estoque difere para cada item em função do tempo de espera para reposição, D, custo de estocagem etc. Porém, quando há um grande número de itens, costuma-se proceder à compra simultânea de diversos itens para obter condições vantajosas de compra e de transporte.

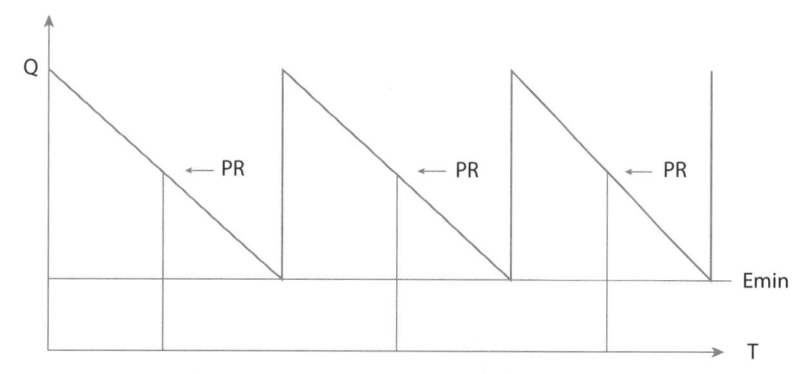

Figura 5.5 Sistema das reposições periódicas.

5.4.6 Planejamento das necessidades de materiais

O planejamento das necessidades de materiais (do inglês, *material requirements planning* – MRP) é um sistema que interrelaciona previsão de vendas, planejamento da produção, programação da produção, programação de materiais, compras, contabilidade de custos e controle da produção. O MRP envolve programas complexos e é necessariamente operado por computador. Permite, ainda, a inclusão do cadastro de materiais, a estrutura do produto (lista de materiais), a emissão de ordens, o controle de ordens em aberto, as rotinas do processo produtivo e os saldos de estoque de materiais.

Para montar o MRP, parte-se da previsão de vendas. A previsão de vendas menos o estoque de PA já existente no depósito conduz à previsão líquida de vendas. Para atender à previsão líquida de vendas, elabora-se o programa de produção – também denominado programa mestre de produção. O programa de produção multiplicado pela lista de materiais leva à necessidade de materiais.

Previsão de vendas − Estoque de PA no depósito = Programa de produção × Lista de materiais = Necessidade de materiais

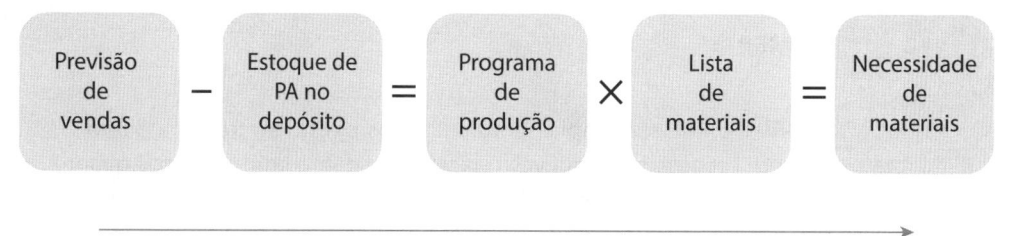

Figura 5.6 Informações básicas para o MRP.

O planejamento das necessidades se baseia na estrutura do produto ou na composição dos materiais que constituem o produto. Para se conhecer a estrutura do produto, utiliza-se o gráfico de explosão do produto em seus materiais constitutivos. Esse gráfico permite visualizar os itens e as respectivas quantidades que compõem o produto para facilitar a montagem da lista de materiais. A lista de materiais – também denominada BOM, do inglês *bill of materials* – constitui o núcleo central do MRP e é um *software* que processará todos os dados. Com a lista de materiais, pode-se multiplicar a quantidade de produtos a serem produzidos para se obter as necessidades de materiais. As necessidades de materiais, por seu lado, podem ser brutas ou líquidas. As necessidades brutas são o resultado do programa de produção multiplicado pelas listas de materiais. A partir das necessidades brutas, adicionam-se os estoques de segurança, as porcentagens de refugo etc. Descontam-se os estoques de PA já existentes no depósito e as Ordens de Compras (OC) já efetuadas, bem como as Ordens de Serviço (OS) já distribuídas para se obter as necessidades líquidas. Estas são definidas por período diário ou semanal – com as respectivas datas de liberação das Ordens de Produção (OP).

O planejamento das necessidades líquidas de materiais permite estabelecer a quantidade adequada de materiais a fim de evitar faltas ou excesso de estoque.

Estrutura do produto → Gráfico de explosão do produto

Lista de materiais × Programa de produção = Necessidades brutas

Necessidades brutas + Estoques de segurança + % de refugo − Estoque de PA + OC já expedidas = Necessidades líquidas

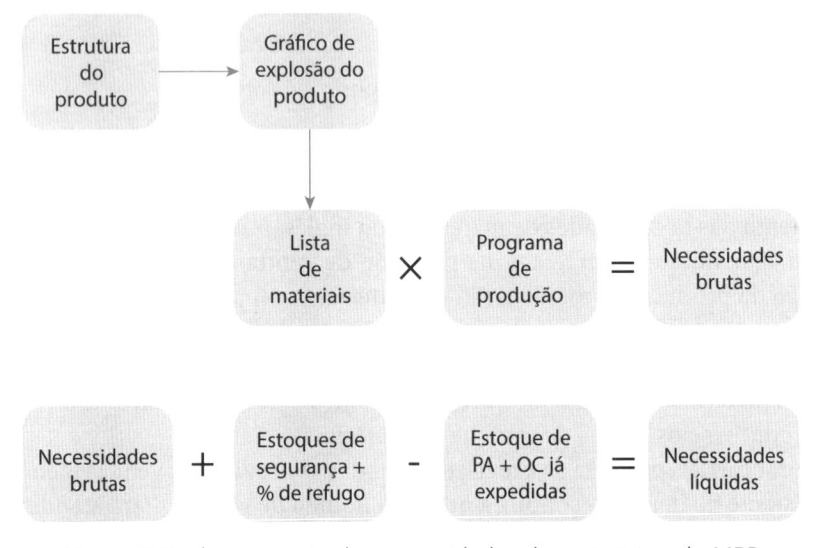

Figura 5.7 Planejamento das necessidades de materiais pelo MRP.

SAIBA MAIS — MRP

Os termos MRP, MRP II e ERP são amplamente utilizados por quem trabalha direta ou indiretamente com processos produtivos relacionados tanto com produtos quanto com serviços. MRP I ou simplesmente MRP significa *material requirement planning* ou planejamento das necessidades de materiais e foi a resposta à necessidade de planejar a chamada demanda dependente: a demanda que decorre da demanda independente que se refere aos PA. Quando a empresa fabrica mais de um produto, existe uma variedade de materiais, peças ou componentes comuns, o que complicaria planejá-los e controlá-los para todos os PA em produção, considerando estoques disponíveis, compras em *follow-up*, entregas previstas, prazos de entregas e possíveis atrasos. Com o desenvolvimento da tecnologia, o conceito de MRP ampliou-se e passou a envolver, além dos materiais ou insumos, equipamentos, instalações, pessoal, áreas de estocagem, passando a se denominar MRP II, ou seja, *manufacturing resources planning*. Mais recentemente, com o aumento da capacidade de computação, o conceito sofreu nova ampliação para ERP, *enterprise resource planning*, abrangendo os recursos empresariais envolvidos.

5.5 AVALIAÇÃO DOS ESTOQUES

Vimos que os estoques podem ser registrados manualmente ou por computador no sentido de controlar a quantidade de materiais estocados tanto em volume físico quanto em valores financeiros. E aqui entra uma questão nova: como avaliar financeiramente os estoques em termos de preço para permitir informações contábeis ou financeiras atualizadas? A avaliação dos estoques é o levantamento do valor financeiro dos materiais – desde as MP iniciais, os materiais em processamento, os semiacabados ou acabados, até os PA – tomando por base o preço de custo ou o preço de mercado.

A avaliação dos estoques pode ser feita por meio de quatro métodos diferentes:

1. Avaliação pelo custo médio.
2. Avaliação pelo método PEPS (FIFO).
3. Avaliação pelo método UEPS (LIFO).
4. Avaliação pelo custo de reposição.

Veremos a seguir cada um desses quatro métodos.

5.5.1 Avaliação pelo custo médio

É o método mais utilizado. Baseia-se no preço de todas as retiradas ao preço médio do suprimento total do item em estoque. A saída de estoque é calculada pelo custo médio. A avaliação do saldo de estoque que permanece no almoxarifado, bem como o custo do material fornecido à produção, são calculados pelo custo médio.

No longo prazo, a avaliação pelo custo médio indica os custos reais das compras de material e funciona como um estabilizador ao equilibrar as flutuações de preços que ocorrem ao longo do tempo.

Suponhamos a ficha de material em estoque apresentada na Tabela 5.5.

Tabela 5.5 Ficha de estoque com cálculo de custo médio

2014		Entradas			Saídas			Saldo em estoque		
Data	NF	Quant.	Preço unitário	Total (R$)	Quant.	Preço unitário	Total (R$)	Quant.	Preço unitário	Total (R$)
20/10	048	200	2,00	400				200	2,00	400
25/11	058	200	4,00	800				400	3,00	1.200
28/11					100	3,00	300	300	3,00	900
10/12	087	300	5,00	1.500				600	4,00	2.400

Por esse método, o valor de estoque é calculado pela média dos preços de entrada no almoxarifado, enquanto o custo de produção é calculado com os materiais avaliados a preço médio.

5.5.2 Avaliação pelo método PEPS (FIFO)

A sigla PEPS é a abreviação da frase "primeiro a entrar, primeiro a sair" (em inglês, FIFO – *first in, first out*). A avaliação dos estoques é feita pela ordem cronológica das entradas. Sai o material que entrou antes, isto é, o lote mais antigo e cujo preço está baseado no custo em que ele entrou para o estoque. Terminado o lote mais antigo, aplica-se o preço do segundo lote mais antigo. O saldo em estoque é calculado pelo custo das entradas de material.

Tabela 5.6 Ficha de estoque com cálculo pelo método PEPS (FIFO)

2014		Entradas			Saídas			Saldo em estoque		
Data	NF	Quant.	Preço unitário	Total (R$)	Quant.	Preço unitário	Total (R$)	Quant.	Preço unitário	Total (R$)
20/10	048	200	2,00	400				200	2,00	400
25/11	058	200	4,00	800				400	3,00	1.200
28/11					100	2,00	200	300	3,33	1.000
12/12					100	2,00	200	200	4,00	800
13/12					100	4,00	400	100	4,00	400

A vantagem desse tipo de avaliação é que o valor dos estoques fica sempre atualizado em relação ao valor da última entrada. Isso significa que o valor dos estoques se aproxima dos preços atuais do mercado. Por outro lado, o custo de produção é calculado em função dos valores dos primeiros lotes de entrada no almoxarifado.

5.5.3 Avaliação pelo método UEPS (LIFO)

A sigla UEPS é a abreviação da frase "último a entrar, primeiro a sair" (em inglês, LIFO – *last in, first out*). A saída do estoque é feita pelo preço do último lote a entrar no almoxarifado. O valor dos estoques é calculado ao custo do último preço, que normalmente é o mais elevado. Provoca, com isso, a supervalorização do preço do material computado na produção do PA e, ao final do exercício, produz um crédito positivo de materiais.

Tabela 5.7 Ficha de estoque com cálculo pelo método UEPS (LIFO)

2014		Entradas			Saídas			Saldo em estoque		
Data	NF	Quant.	Preço unitário	Total (R$)	Quant.	Preço unitário	Total (R$)	Quant.	Preço unitário	Total (R$)
20/10	048	200	2,00	400				200	2,00	400
25/11	058	200	4,00	800				400	3,00	1.200
28/11					100	4,00	400	300	2,66	800
12/12					100	4,00	400	200	2,00	400
13/12					100	2,00	200	100	2,00	200

A vantagem desse método reside na simplificação dos cálculos.

5.5.4 Avaliação pelo custo de reposição

É o custo de reposição do estoque que ajusta a avaliação financeira dos estoques. Assim, o valor dos estoques é sempre atualizado em função dos preços de mercado.

Geralmente, utiliza-se a equação:

$$CR = PU + ACR$$

Em que:
CR = custo de reposição;
PU = preço unitário do material;
ACR = acréscimo do custo de reposição em porcentagem (%).

Tabela 5.8 Ficha de estoque com cálculo pelo custo de reposição

2014		Entradas			Saídas			Saldo em estoque		
Data	NF	Quant.	Preço unitário	Total (R$)	Quant.	Preço unitário	Total (R$)	Quant.	Preço unitário	Total (R$)
20/10	048	200	2,00	400				200	2,00	400
25/11	058	200	4,00	800				400	4,00	1.600
28/11					100	4,00	400	300	4,00	1.200
12/12					100	4,00	400	200	4,00	800
13/12					100	4,00	400	100	4,00	400

> Aumente seus conhecimentos sobre **Avaliação financeira dos estoques** na seção *Saiba mais GM* 5.3

5.6 CUSTOS DE ESTOQUES

Todo material estocado gera custos, aos quais denominaremos custos de estoques ou custos de estocagem. Os custos de estoques dependem de duas variáveis: a quantidade em estoque e o tempo de permanência em estoque. Quanto maior a quantidade e quanto maior o tempo de permanência, maiores serão os custos de estoque.

O custo de estoque (CE) é a soma dos dois custos: o custo de armazenagem (CA) e o custo do pedido (CP).

5.6.1 Custo de armazenagem

O CA é calculado pela equação:

$$CA = \frac{Q}{2} \times T \times P \times I$$

Em que:
Q = quantidade de material em estoque no período considerado;
T = tempo de armazenamento;
P = preço unitário do material;
I = taxa de armazenamento expressa em porcentagem do preço unitário.

Porém, o CA é composto de uma parte variável (a quantidade de material e o tempo de permanência) e de uma parte fixa (aluguel do armazém, salários do pessoal do armazém, seguro contra incêndio e roubo, máquinas e equipamentos instalados etc.). A parte fixa independe da quantidade e do tempo de estocagem. Assim, torna-se prudente utilizar uma fórmula mais abrangente – a taxa de armazenamento (TA) –, que constitui a soma das seguintes taxas (todas elas expressas em porcentagens).:

Ta = taxa de armazenamento físico:

$$Ta = 100 \times \frac{A \times Ca}{C \times P}$$

Em que:
A = área ocupada pelo estoque;
Ca = custo anual do metro quadrado de armazenamento;
C = consumo anual do material;
P = preço unitário do material.

Tb = taxa de retorno do capital empatado em estoque:

$$Tb = \frac{Lucro}{Q \times P}$$

Em que:
Q × P = valor dos produtos estocados.

Tc = taxa de seguro do material estocado:

$$Tc = 100 \times \frac{Custo\ anual\ do\ seguro}{Q \times P}$$

Td = taxa de transporte, manuseio e distribuição do material:

$$Td = 100 \times \frac{Depreciação\ anual\ do\ equipamento}{Q \times P}$$

Te = taxa de obsolescência do material:

$$Te = 100 \times \frac{Perdas\ anuais\ por\ obsolescência}{Q \times P}$$

Tf = outras taxas, como mão de obra, água, luz etc.:

$$Tf = 100 \times \frac{Despesas\ anuais}{Q \times P}$$

Em resumo, a TA é a soma de todas as taxas anteriormente explicadas:

$$TA = Ta + Tb + Tc + Td + Te + Tf$$

5.6.2 Custo do pedido

Cada pedido tem seu preço de processamento. O CP é o valor em moeda corrente dos custos incorridos no processamento de cada pedido de compra. Para calcular o CP, parte-se do custo anual de todos os custos envolvidos no processamento dos pedidos de compra, divididos pelo número de pedidos processados no período.

$$CP = \frac{\text{Custo anual dos pedidos}}{\text{Número de pedidos no ano}}$$

O custo anual dos pedidos (CAP) é calculado por meio das seguintes despesas efetuadas no ano:

- Mão de obra utilizada para emissão e processamento dos pedidos.
- Material utilizado na confecção do pedido (formulários, papel, envelopes etc.).
- Custos indiretos: despesas efetuadas indiretamente, como luz, telefone, fax, despesas de escritório etc.

Calculados o CA e o CP obtém-se o CE:

$$CE = CA + CP$$

Todos os esforços em dimensionar, planejar e controlar os estoques são feitos no sentido de minimizar os CE.

> Aumente seus conhecimentos sobre **Fábrica enxuta** na seção *Saiba mais GM 5.4*

QUESTÕES PARA REVISÃO

1. No sistema de produção sob encomenda, como se movimentam o produto e os materiais?
2. No sistema de produção em lotes, como se movimentam o produto e os materiais?
3. No sistema de produção contínua, como se movimentam o produto e os materiais?
4. Por que existe folga de materiais em todos os sistemas de produção?
5. Conceitue estoque de materiais.
6. Descreva as principais funções do estoque.
7. Como o estoque pode proporcionar economias de escala?
8. Por que os estoques representam um enorme investimento financeiro?
9. Explique o estoque como amortecedor das entradas e saídas entre as etapas do processo de produção.

10. Como os estoques podem ser classificados?
11. Conceitue estoques de MP.
12. Dê exemplos de estoques de MP.
13. Conceitue estoques de materiais em processamento ou em vias.
14. Dê exemplos de estoques de materiais em processamento.
15. Conceitue estoques de materiais semiacabados.
16. Dê exemplos de estoques de materiais semiacabados.
17. Conceitue estoques de materiais acabados ou componentes.
18. Dê exemplos de estoques de materiais acabados ou componentes.
19. Conceitue estoques de PA.
20. Dê exemplos de estoques de PA.
21. Qual é o nome dado ao conjunto de estoques de materiais?
22. Qual é o conflito entre a área financeira e as seções produtivas quanto aos estoques?
23. O que significa dimensionar o estoque?
24. Quais são os problemas com estoque excessivo ou estoque insuficiente?
25. Quais são os fundamentos do dimensionamento de estoques?
26. Conceitue item de estoque.
27. Quais são as principais técnicas quantitativas para calcular a previsão de consumo de materiais?
28. Explique o método do consumo do último período.
29. Explique o método da média móvel.
30. Qual é a vantagem do método da média móvel?
31. Se a tendência for de consumo crescente ou decrescente, o que ocorre com o método da média móvel?
32. Explique o método da média móvel ponderada.
33. Conceitue rotatividade de estoque.
34. Qual é a equação para calcular o IR?
35. O que significa o IR?
36. Explique o IR da MP.
37. Explique o IR do PA.
38. O que é taxa de cobertura ou antigiro?
39. Qual é a equação para calcular a taxa de cobertura?
40. Quais são as duas vantagens do IR?
41. Conceitue fichário de estoque e banco de dados sobre materiais.
42. Quais são as informações contidas em uma FE?
43. Conceitue Classificação ABC.
44. O que é uma curva ABC?

45. Quais são os métodos de controle de estoques?
46. Explique o sistema de duas gavetas.
47. Quando o sistema de duas gavetas é denominado sistema de estoque mínimo? Explique.
48. Qual é a vantagem do sistema de duas gavetas?
49. Explique o sistema dos máximos-mínimos.
50. Conceitue Emin.
51. Conceitue ER.
52. Qual é a equação para calcular o Emin? Explique-a.
53. O que é PP?
54. O que é IR?
55. Conceitue Emax.
56. Explique o sistema das reposições periódicas.
57. Quais as diferenças entre o sistema dos máximos-mínimos e o das reposições periódicas?
58. Explique o MRP.
59. Qual o ponto de partida do MRP?
60. Quais são as informações básicas do MRP?
61. Explique necessidades brutas e necessidades líquidas.
62. Conceitue avaliação dos estoques.
63. Quais são os métodos de avaliação dos estoques?
64. Explique a avaliação pelo custo médio.
65. Explique a avaliação pelo método PEPS.
66. Explique a avaliação pelo método UEPS.
67. Explique a avaliação pelo custo da reposição.
68. Defina CE.
69. Defina CA.
70. Defina taxa de armazenamento físico.
71. Defina taxa de retorno do capital empatado em estoque.
72. Defina taxa de seguro do material estocado.
73. Defina taxa de transporte, manuseio e distribuição do material.
74. Defina taxa de obsolescência do material.
75. Defina custo do pedido.
76. Como é calculado o CAP?

REFERÊNCIA

1. MARTINS, P. G.; LAUGENI, F. P. *Administração da Produção*. São Paulo: Saraiva, 2005. p. 275.

6 COMPRAS

O QUE VEREMOS ADIANTE

- Conceituação de compras.
- Suprimento.
- Ciclo de compras.
- Cadeia de Suprimentos (*Supply Chain Management*).

INTRODUÇÃO

As empresas não são autossuficientes nem autônomas. Elas dependem de terceiros, parceiros e de outras empresas para realizar suas atividades. Para abastecer suas operações, as empresas requerem matérias-primas (MP), materiais, máquinas, equipamentos, serviços e uma extensa variedade de insumos que provêm do ambiente externo. Todo processo produtivo precisa ser devidamente abastecido por uma cadeia de suprimentos para poder funcionar satisfatoriamente. A rigor, para que a primeira operação tenha início, torna-se necessário que os materiais e os insumos estejam disponíveis, e seu abastecimento, garantido com certo grau de certeza para atender às necessidades e à sua continuidade ao longo do tempo. O ritmo e a cadência de funcionamento da empresa requerem, portanto, um fluxo constante de materiais e insumos que provêm do ambiente externo.

O órgão de Compras, que constitui o elemento de ligação entre a empresa e seu ambiente externo, é o responsável pelo suprimento dos insumos e dos materiais necessários ao funcionamento de seu sistema produtivo. Na realidade, o órgão de Compras é um elemento de interface entre o sistema empresarial e o ambiente externo, que lhe fornece as entradas e os insumos. Nesse sentido, o órgão de Compras é a porta de entrada da empresa para o ingresso dos materiais e dos insumos necessários ao seu funcionamento cotidiano.

6.1 CONCEITUAÇÃO DE COMPRAS

O conceito de compras envolve todo o processo de localização de fornecedores e fontes de suprimento, aquisição de materiais por meio de negociações de preço e condições de pagamento, bem como o acompanhamento do processo (*follow-up*) junto aos fornecedores escolhidos e o recebimento do material comprado para controlar e garantir o fornecimento dentro das especificações solicitadas.

Em alguns casos, o órgão de Compras é o intermediador entre o sistema de produção da empresa e as fontes supridoras que existem no mercado.

6.1.1 Funções de Compras

A área de Compras tem por finalidade a aquisição de materiais, componentes e serviços para suprir às necessidades da empresa e de seu sistema de produção nas quantidades certas, nas especificações exatas e nas datas aprazadas. Para atingir tal finalidade, o órgão de Compras precisa desenvolver e manter fontes de suprimentos adequadas, a chamada cadeia de suprimentos. Se a empresa pode ser visualizada como um sistema aberto, o subsistema de Compras é que garante seus insumos e entradas, atuando como interface em relação ao ambiente externo. Apesar de ser um subsistema orientado para fora da empresa – isto é, voltado para os fornecedores externos – o órgão de Compras interage internamente com vários órgãos da empresa, como Produção, Planejamento e Controle da Produção (PCP), Engenharia de Produto, Controle de Qualidade, Controle de Estoques, Financeiro etc. Em síntese, a função principal do subsistema de Compras é de apoio e suporte ao subsistema de Produção da empresa.

6.1.2 Importância de Compras

O órgão de Compras é, atualmente, considerado um centro de lucro, e não simplesmente um centro de custo, uma vez que, quando bem administrado, pode trazer consideráveis economias, vantagens e lucros para a empresa. Uma empresa bem administrada deve saber produzir, vender e, sobretudo, comprar bem. O órgão de Compras é importante, não apenas porque assegura o abastecimento normal das necessidades de insumos e materiais da empresa, garantindo seu funcionamento regular, mas principalmente pelo fato de trazer benefícios adicionais, como qualidade assegurada, prazos, economia e lucratividade.

6.1.3 Organização de Compras

Cada empresa organiza seu órgão de Compras de acordo com suas necessidades de materiais. Na realidade, empresas industriais, grandes lojas, supermercados, empresas de serviços organizam suas compras conforme os materiais a serem comprados, as exigências do processo produtivo, as características do mercado fornecedor e outros fatores. Malgrado as diferenças particulares, podemos estabelecer algumas similaridades entre as empresas.

6.1.4 Centralização × descentralização de Compras

A primeira questão se refere à centralização ou descentralização da atividade de compras.

- **Centralização das compras**: na organização centralizada, todas as compras da empresa são concentradas em um único órgão de Compras. As vantagens do sistema centralizado de compras são:
  - Obtenção de maiores vantagens e descontos dos fornecedores face às compras em quantidades mais elevadas.

- Qualidade uniforme dos materiais adquiridos.
- Maior especialização dos compradores.
- Padronização dos procedimentos de compra.

■ **Descentralização das compras**: o sistema centralizado é pouco flexível e nem sempre atende às necessidades locais quando o processo de produção é disperso geograficamente. Essas desvantagens podem ser atenuadas com a criação de um órgão central de Compras para coordenar os órgãos periféricos, quando a empresa tem unidades dispersas. A organização descentralizada é aquela em que cada unidade dispersa da empresa tem seu próprio órgão de Compras para atender às suas necessidades específicas e locais. As vantagens do sistema descentralizado são:
- Maior conhecimento dos fornecedores locais.
- Melhor atendimento das necessidades específicas do processo produtivo de cada unidade da empresa.
- Agilidade nas compras locais.

■ O **sistema descentralizado** tem as seguintes desvantagens:
- Menor volume de compras, que impede as vantagens de melhores condições e descontos junto aos fornecedores.
- Falta de padronização dos procedimentos de compras nos diversos órgãos dispersos geograficamente.
- Pouca uniformidade na qualidade dos materiais comprados.
- Ausência de especialização dos compradores.

O desafio está em traçar uma organização que apresente as vantagens e reduza as desvantagens de ambos os sistemas, quando utilizados nos extremos da Figura 6.1. A ideia seria criar um departamento central de assessoria localizado na matriz com a incumbência de definir padrões e critérios de compra capaz de coordenar e controlar as atividades dos vários departamentos de linha locais descentralizados. As compras de grande tamanho seriam efetuadas pelo departamento central, cabendo à periferia as compras locais de menor porte. Estes teriam autonomia para comprar, mas obedecendo aos padrões e aos critérios definidos pelo departamento central.

```
Centralização ←─────────────────────────────→ Descentralização
       ↑                    ↑                        ↑
  Um único e        Um departamento              Vários e
   grande          central de staff e            pequenos
 departamento           vários                 departamentos
  central e         departamentos                 locais e
 centralizador     descentralizados            descentralizados
                       de linha
```

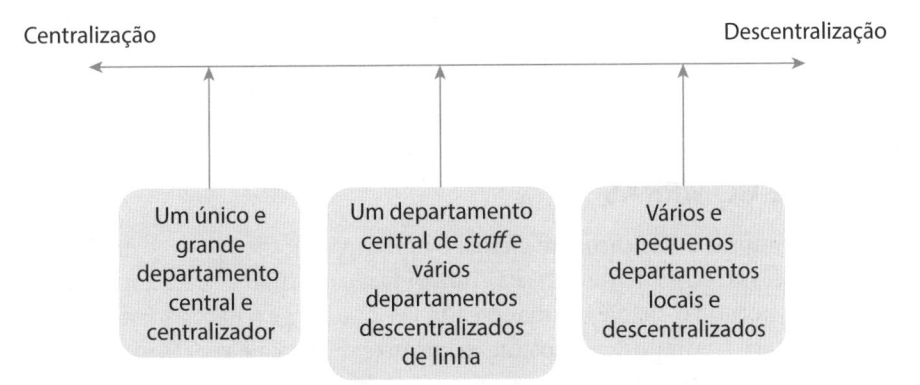

Figura 6.1 *Continuum* de centralização-descentralização de compras.

Em qualquer uma das alternativas anteriores, o órgão de Compras quase sempre assume uma estrutura organizacional parecida com a Figura 6.2.

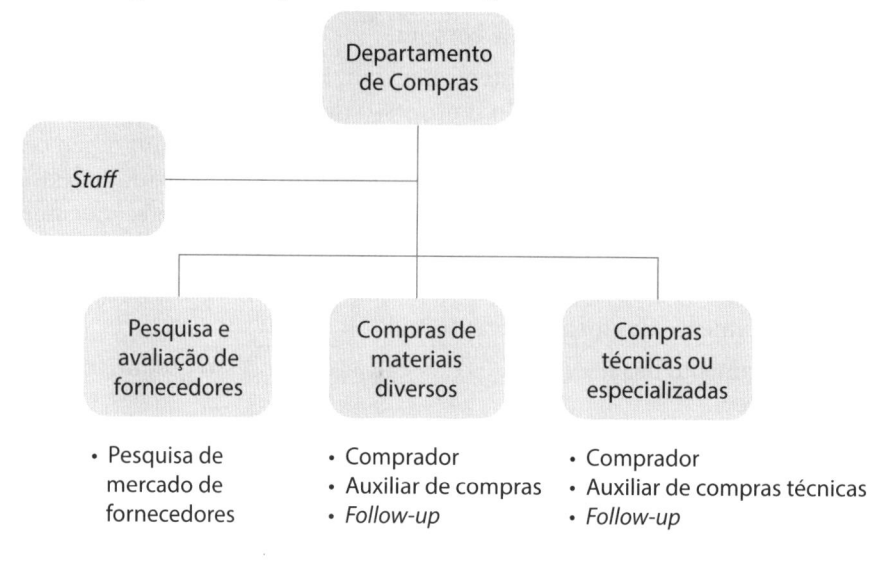

```
                    Departamento
                    de Compras
                         |
      Staff -------------|
                         |
      ┌──────────────────┼──────────────────┐
  Pesquisa e         Compras de         Compras
  avaliação de       materiais          técnicas ou
  fornecedores       diversos           especializadas
```

- Pesquisa de mercado de fornecedores
- Comprador
- Auxiliar de compras
- *Follow-up*
- Comprador
- Auxiliar de compras técnicas
- *Follow-up*

Figura 6.2 Estrutura organizacional típica do órgão de Compras.

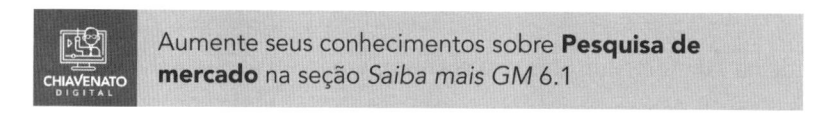

Aumente seus conhecimentos sobre **Pesquisa de mercado** na seção *Saiba mais GM 6.1*.

6.2 SUPRIMENTO

Em algumas empresas, o órgão de Compras recebe o nome de Departamento de Suprimento. A ideia básica é que ele seja o órgão supridor de todas as necessidades de materiais, MP, componentes para o sistema produtivo, envolvendo também a busca e a localização de fornecedores externos de serviços para a empresa. Além de insumos, como materiais variados, toda empresa também requer a prestação de serviços por meio de fornecedores externos, como energia, combustíveis, transporte, manutenção de máquinas e equipamentos, lubrificação, instalações elétricas, pinturas, construções, segurança, limpeza e faxina, alimentação para os funcionários e um sem-número de atividades que a empresa não pode assumir pelo fato de envolverem especialidades que escapam ao seu negócio. Assim, o órgão de Compras se transforma em um órgão de Suprimento de tudo quanto seja necessário para as operações da empresa.

6.3 CICLO DE COMPRAS

A atividade de compras é basicamente cíclica e repetitiva. Cíclica porque envolve um ciclo de etapas que necessariamente devem ser cumpridas, cada qual a seu tempo e uma após a outra. Repetitiva porque o ciclo é acionado cada vez que surge a necessidade de se adquirir determinado material. A reposição dos materiais ocorre cíclica e repetitivamente. Isso significa que o processo pode ser continuamente aperfeiçoado e melhorado rumo à eficiência cada vez maior.

O ciclo de compras é composto de cinco etapas principais:
1. Análise das Ordens de Compras (OC) recebidas.
2. Pesquisa e seleção de fornecedores.
3. Negociação com o fornecedor selecionado.
4. Acompanhamento do pedido (*follow-up*).
5. Controle do recebimento do material comprado.

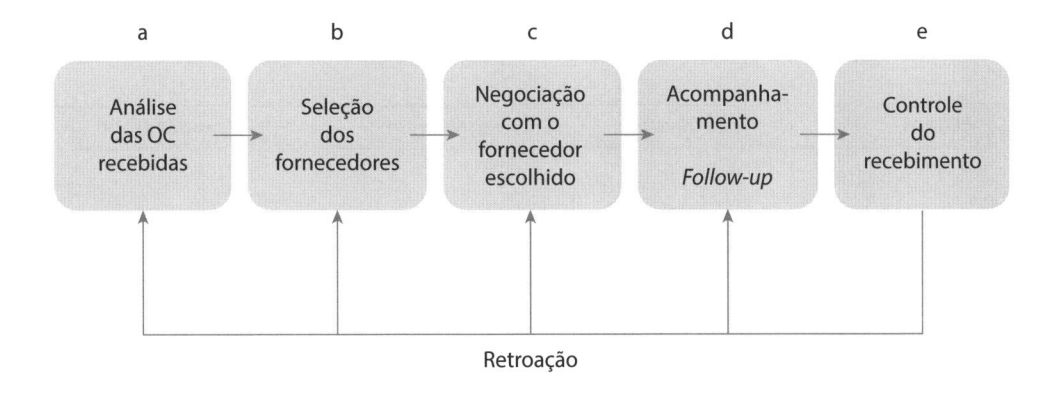

Figura 6.3 Ciclo contínuo de compras.

Vejamos cada uma dessas etapas do ciclo de compras.

6.3.1 Análise das Ordens de Compras recebidas

A primeira etapa do ciclo de compras começa com o recebimento das OC emitidas pelo PCP, a partir da programação de materiais. O órgão de Compras efetua uma análise dessas OC para conhecer as especificações dos materiais requisitados, suas respectivas quantidades e épocas adequadas para o recebimento. Em muitas empresas, as OC são encaminhadas ao órgão de Compras por meio de listas ou listagens, em que constam a última compra, com o nome do fornecedor, a quantidade fornecida e o preço de venda.

Tabela 6.1 Programação de materiais para compras

Material		1ª semana do mês						2ª semana do mês			
Código	Descrição	Segunda-feira	Terça-feira	Quarta-feira	Quinta-feira	Sexta-feira	Sábado	2ª	3ª	4ª	5ª

Nessa primeira etapa, o órgão de Compras planeja suas atividades de modo a atender às OC recebidas e providenciar as compras. Para facilitar as futuras cotações e propostas de fornecedores, o órgão de Compras deve manter um fichário ou banco de dados sobre os possíveis materiais necessários à empresa. Para cada material deve haver um fichário dos fornecedores, quantidades compradas, preços, condições de pagamento, prazos de entrega etc. Esse histórico de cada compra permitirá facilitar a pesquisa e a seleção de futuros fornecedores.

Tabela 6.2 Modelo de ficha de histórico de cada material

Item			Código	
Datas	Quantidades	Fornecedor	Preço unitário	

Aumente seus conhecimentos sobre **O conhecimento de materiais** na seção *Saiba mais GM 6.2*

6.3.2 Pesquisa e seleção da cadeia de fornecedores

A segunda etapa do ciclo de compras é a pesquisa e seleção da cadeia de fornecedores (*supply chain*). Nenhuma empresa pode reunir em seu bojo a capacidade de produzir todos os materiais necessários para alimentar seu processo produtivo. Isso faz com que ela tenha de depender de outras empresas que produzam ou comercializem os materiais e os insumos necessários à sua produção. Fornecedor é a empresa que produz as MP e os insumos necessários e que se dispõe a vendê-los. O órgão de Compras deve ter um fichário ou banco de dados sobre os fornecedores cadastrados, contendo os fornecimentos que já tenham efetuado e as condições negociadas. O cadastramento facilita enormemente os futuros trabalhos de pesquisa e seleção de fornecedores. O órgão de Compras deve manter toda literatura possível sobre o mercado fornecedor, como listas telefônicas, anuários especializados, revistas técnicas, catálogos, folhetos, prospectos, correspondência, enfim, tudo que possa oferecer informações sobre os possíveis fornecedores, seus endereços, seus clientes etc. O fichário ou banco de dados deve permitir uma avaliação do mercado de fornecedores para cada material ou insumo, de modo a comparar as características de cada fornecedor potencial. Fornecedor real é aquele que já efetuou vendas de materiais ou insumos à empresa, enquanto o fornecedor potencial é aquele que pode se candidatar a futuros fornecimentos.

Essa segunda etapa pode ser dividida em duas partes distintas: a pesquisa e a seleção de fornecedores.

1. **Pesquisa de fornecedores**: consiste em investigar, localizar e estudar os possíveis fornecedores dos materiais requisitados. Essa pesquisa é feita geralmente por meio da verificação dos fornecedores previamente cadastrados no órgão de Compras. Muitos fornecedores procuram as empresas – por meio de seus vendedores ou mesmo por correspondência – para se qualificarem previamente para possíveis consultas, enviando dados cadastrais, como nome, endereço, capital social, produtos ou serviços oferecidos, capacidade de produção, fontes de referência junto a clientes etc.
2. **Seleção de fornecedores**: entre os fornecedores pesquisados, o comprador deve escolher aquele mais adequado para suprir a necessidade de compra da empresa. A seleção do fornecedor consiste em comparar as diversas propostas ou cotações de venda dos vários fornecedores e escolher aquela que melhor atenda às conveniências da empresa. Devem prevalecer na escolha do fornecedor selecionado determinados critérios, como preço, qualidade do material a ser fornecido, condições de pagamento, possíveis descontos, prazos de entrega, confiabilidade quanto a prazos etc. O preço costuma ser o referencial mais importante na seleção dos fornecedores, quando os demais critérios são igualmente atendidos pelos outros.

Tabela 6.3 Comparação de preços e cotações de materiais

Assinalar em vermelho a proposta aprovada.			**Fornecedores**		
			Proposta 1 Nome:	Proposta 2 Nome:	Proposta 3 Nome:
Comprador					
Item	Código	Quantidade	Preço	Preço	Preço
....	....	....	....	....	....

A pesquisa de fornecedores é basicamente um levantamento de mercado para se verificar quais as possíveis fontes de suprimento do material requisitado. A seleção de fornecedores é uma escolha feita pelo órgão de Compras, tendo por base a comparação entre os possíveis fornecedores, a partir de determinados critérios. A pesquisa permite uma comparação dos diversos fornecedores qualificados, enquanto a seleção é uma decisão sobre qual será o escolhido para fornecer o material requisitado.

À medida que pesquisa e seleciona os fornecedores, o órgão de Compras deve manter um registro sobre a avaliação dos fornecedores quanto a preços, prazos de entrega e qualidade do material fornecido

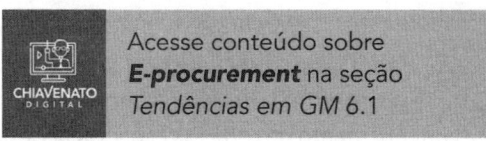

> Acesse conteúdo sobre ***E-procurement*** na seção *Tendências em GM 6.1*

para facilitar futuros processos de compras. Além da ficha de histórico do material, o órgão de Compras deve possuir em seu banco de dados as informações sobre os fornecedores e a avaliação continuada de seu desempenho em termos de confiabilidade, qualidade, preços, condições de pagamento, prazos de entrega etc. Um fornecedor pode ser confiável durante certo tempo, mas pode cometer falhas graves – e isso deve constar em sua avaliação.

> Acesse conteúdo sobre **Fornecedores como parceiros do negócio** na seção *Tendências em GM 6.2*

6.3.3 Negociação com os fornecedores

Definido o fornecedor escolhido, o órgão de Compras passa a negociar com ele a aquisição do material requisitado, dentro das condições mais adequadas de preço e de pagamento. O atendimento das especificações exigidas do material e o estabelecimento de prazos de entrega devem ser assegurados na **negociação**. A negociação serve para definir como será feita a emissão do pedido de compra (PC) ao fornecedor.

Tabela 6.4 Exemplo de um PC

ALFA S.A.				Pedido de compra nº:_____		
Fornecedor: Endereço:						Código Fornecedor: Fone:
Por este PC autorizamos o fornecimento abaixo descrito, conforme as condições especificadas no verso.						
Item	Código	Quantidade		Descrição	Preço unitário	Valor total
Valor total deste PC						
Embalagem:				Frete:		
Transportadora:				Data(s) de entrega:		
Condições de pagamento:					Data do PC:	

O PC é uma espécie de contrato formal entre a empresa e o fornecedor, especificando as condições em que foi feita a negociação. O PC tem a força de um contrato. Sua aceitação implica o atendimento de todas as especificações nele estipuladas. O comprador é o responsável pelas condições e especificações contidas no PC, enquanto o fornecedor deve estar plenamente ciente de todas as cláusulas, pré-requisitos e critérios exigidos pela empresa, dos procedimentos que cercam o recebimento do material, dos controles e especificações de qualidade, para que o PC seja válido legalmente.

Dá-se o nome de negociação aos contatos entre o órgão de Compras e o fornecedor para reduzir as diferenças e divergências e chegar a um meio-termo: cada parte cede um pouco para que ambas saiam ganhando. Não há negociação quando apenas uma parte ganha e a outra perde. Na negociação, as perdas e ganhos são repartidos entre as partes para se chegar a um acordo.

> Acesse conteúdo sobre **Técnicas de negociação** na seção *Tendências em GM 6.3*

6.3.4 Acompanhamento dos pedidos (*follow-up*)

Feito o PC, o órgão de Compras precisa se assegurar de que a entrega do material será feita dentro dos prazos estabelecidos e na quantidade e qualidade negociadas. Para tanto, deve haver um acompanhamento ou seguimento (*follow-up*) do pedido, por meio de constantes contatos pessoais ou telefônicos com o fornecedor, para saber como está sendo providenciada a produção do material requisitado. Isso significa que o órgão de Compras não abandona o fornecedor após efetuado o PC. O seguimento ou acompanhamento representa uma constante monitoração do pedido e uma cobrança permanente de resultados. Quando o volume de PC é muito grande, algumas empresas realizam o acompanhamento em datas e prazos previamente agendados. Daí a denominação *follow-up* (do inglês, seguir, acompanhar, agendar).

Tabela 6.5 Ficha de acompanhamento de compras (*follow-up*)

Material							Código do material
PC nº: _____			ENTRADAS				
Quantidade: ____	Data:	NF	Quantidade	Recebido	Devolução	Saldo	

O seguimento permite localizar antecipadamente problemas e evitar surpresas desagradáveis, pois por meio dele o órgão de Compras pode urgenciar o pedido, cobrar a entrega nos prazos estabelecidos ou tentar complementar o atraso com outros fornecedores.

> **SAIBA MAIS** — *Follow-up*
>
> *Follow-up* é uma palavra inglesa muito utilizada no mundo corporativo que significa acompanhamento. No processo de compras, refere-se à responsabilidade em acompanhar determinado item para que seja atendido no prazo e com a qualidade esperada. Esse processo também ajuda a minimizar as perdas ou o desvio de recursos. Quando o *follow-up* é realizado sem o apoio da tecnologia ou mesmo sem um processo e equipe designada, pode incorrer na perda de parte do tempo dos compradores, que são designados para o acompanhamento do pedido quando poderiam estar selecionando e negociando com fornecedores. Todavia, os benefícios desse processo superam essa possível desvantagem, já que o procedimento ajuda a garantir a entrega do produto no prazo e com as especificações necessárias, proporcionando maior tranquilidade para a empresa compradora, já que passa a ter o material em estoque para uso em sua linha de produção. Um indicador de que o *follow-up* pode não ter sido realizado corretamente é quando falta determinado item no estoque ou o item não apresenta as especificações necessárias para entrar em produção. Essa ocorrência é de alta gravidade, pois pode acarretar a parada da linha de produção, impactando negativamente nos resultados da empresa. Por esse motivo, os sistemas de compras do cliente (incluindo as pessoas) e os sistemas do fornecedor devem estar bem alinhados. Portanto, para proteger e garantir a continuidade de seu processo produtivo, a empresa precisa acompanhar cada pedido e se assegurar de que ele será atendido em termos de qualidade e data de entrega. Muitas vezes, a empresa monitora o andamento de seu pedido junto ao processo produtivo do fornecedor, acompanhando em tempo seu sistema de produção para saber como o pedido está sendo gradativamente produzido. Com essa transparência a empresa sabe de antemão a respeito de possíveis atrasos ou antecipações do fornecedor, podendo tomar as ações necessárias, em vez de improvisar soluções emergenciais.

6.3.5 Controle e recebimento do material comprado

É a quinta e última etapa do ciclo de compras. É quando o órgão de Compras recebe do fornecedor o material solicitado no PC. No recebimento do material, o órgão de Compras verifica se as quantidades estão corretas e providencia junto ao órgão de Controle de Qualidade a inspeção para comparar a adequação do material às especificações determinadas no PC. É o que se chama de inspeção de qualidade no recebimento do material.

Confirmadas a quantidade e a qualidade do material, o órgão de Compras autoriza o Almoxarifado a receber o material e encaminha ao órgão de Tesouraria ou Contas a Pagar a autorização para pagamento da fatura ao fornecedor, dentro das condições de preço e prazo de pagamento.

a. Análise das OC recebidas:
- Quais materiais?
- Quais quantidades?
- Prazos de entrega?

b. Localização e seleção dos fornecedores:
- Quais os fornecedores?
- Quais os preços e condições?

c. Negociação com os fornecedores:
- Quais os preços?
- Quais as condições? Qualidade? Prazos?
- Emissão do PC.

d. Acompanhamento do pedido:
- Como o fornecedor está processando o pedido?

e. Controle do recebimento do material comprado:
- O material está de acordo com o pedido?

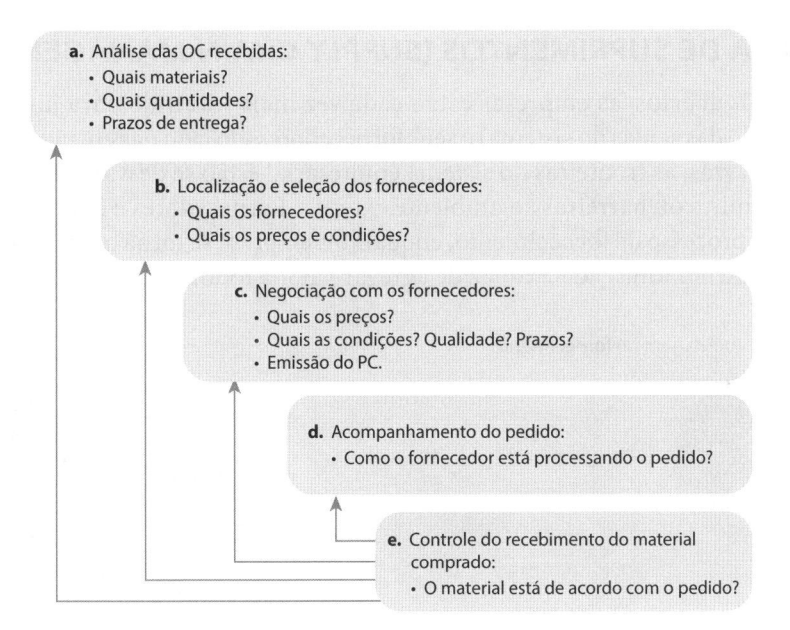

Figura 6.4 As cinco etapas do ciclo de compras.

O ciclo de compras é contínuo e ininterrupto. O processo produtivo requer uma continuidade e variedade de PC. O enorme volume de trabalho que transita em um órgão de Compras exige uma agenda de seguimento e cobrança bastante intensa, principalmente em empresas em que podem ocorrer mudanças no plano de produção envolvendo antecipações ou atrasos nas entregas de materiais.

O órgão de Compras mantém intenso contato com os demais órgãos da empresa, bem como com empresas e fornecedores externos para intermediar as necessidades internas com as disponibilidades externas. Essa intermediação é complexa, pois frente aos demais órgãos da empresa, o órgão de Compras assumiu a responsabilidade de abastecê-los adequadamente e, quando o fornecedor não cumpre prazos estabelecidos, alguém deve responder pelo problema.

Contudo, a visão moderna sobre compras é muito mais abrangente e envolve uma complexa cadeia de suprimentos, na qual os fornecedores não constituem necessariamente o único elemento envolvido. Essa cadeia envolve uma diversidade de meios de transporte (transporte rodoviário, ferroviário, fluvial, intermodal) que podem facilitar ou dificultar entregas de materiais. Qualquer acidente no meio do caminho pode significar um atraso na entrega.

Aumente seus conhecimentos sobre **Fornecedores como provedores de insumos de entrada** na seção *Saiba mais GM 6.3*

6.4 CADEIA DE SUPRIMENTOS (*SUPPLY CHAIN MANAGEMENT*)

Como sistemas abertos, as empresas estão cada vez mais trazendo para junto de si seus clientes (do lado das saídas do sistema) e seus fornecedores (do lado das entradas do sistema). Em outras palavras, as fronteiras do sistema empresarial estão se desvanecendo no sentido de eliminar limites ou barreiras ao ambiente externo. Fornecedores e clientes estão sendo envolvidos no processo de fornecimento, enquanto a empresa se torna o núcleo básico dessa nova abordagem em uma cadeia capaz de agregar valor a todos os envolvidos.

Antiga abordagem de fornecimento:

Fornecedores → Compras → Produção → Marketing Distribuição → Clientes

Nova abordagem de fornecimento:

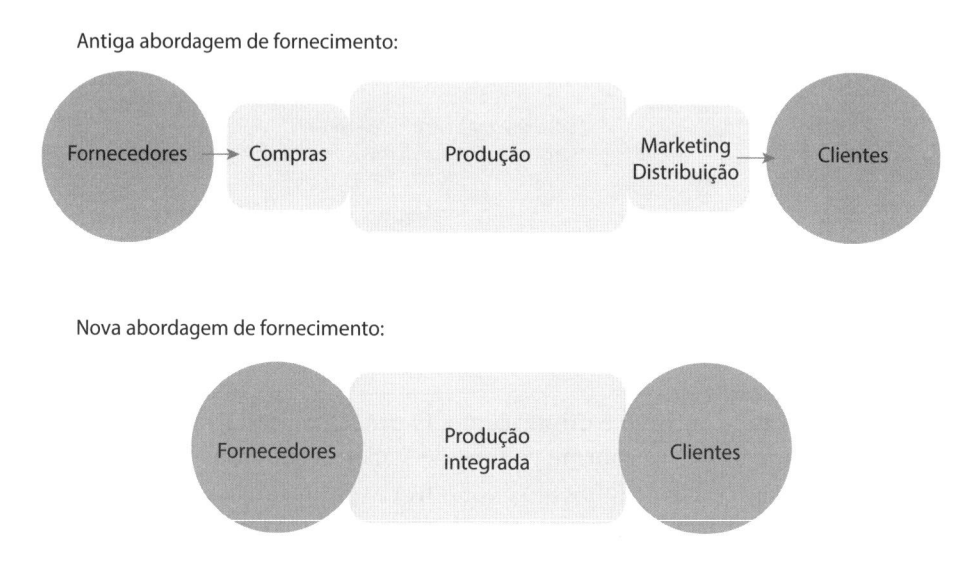

Fornecedores → Produção integrada → Clientes

Figura 6.5 Comparação entre as abordagens de fornecimento.

O *supply chain management* (SCM) ou gestão da cadeia de suprimentos envolve fornecedores, produtor, distribuidores e clientes em um processo integrado em que compartilham informações e planos para tornar o canal mais eficiente e competitivo.[1] Sem dúvida, esse compartilhamento é muito mais dinâmico do que na tradicional e conflitante relação entre comprador e vendedor.

A diferença entre a nova e a velha abordagens é que no passado cada parte apenas focava exclusivamente seu cliente direto e imediato:

- O fornecedor só focava a fábrica que iria utilizar sua MP.
- A fábrica produzia o produto acabado (PA) somente focando sua expedição ou o distribuidor de seus produtos.
- O distribuidor ou atacadista só focava o varejista para quem vendia seus estoques.
- O varejista só focava o cliente que lhe comprava o produto.

Cada parte somente focava a parte que se seguia imediatamente no processo. A sequência era apenas linear. As relações entre os atores eram binárias, ou seja, entre duas empresas. Nada mais do que isso. Ninguém se preocupava ao longo do processo em como sua atuação iria impactar as outras partes e, consequentemente, o cliente final. O SCM permite visualizar todo o processo de geração continuada de valor desde a chegada da MP até a entrega do PA ao cliente final, de maneira integrada e sistêmica. Esse é o ciclo integral que vai da MP entregue pelo fornecedor até a chegada do PA ao consumidor final. Existem no mercado muitos *softwares* sofisticados de ERP envolvendo o SCM.

> Acesse conteúdo sobre **Tecnologia em SCM** na seção *Tendências em GM 6.4*

QUESTÕES PARA REVISÃO

1. Por que as empresas não são autossuficientes?
2. O que são insumos?
3. Por que o órgão de Compras é um elemento de interface?
4. Conceitue Compras.
5. Explique as funções de Compras.
6. Explique a importância de Compras.
7. Como pode ser organizado o órgão de Compras?
8. Descreva o sistema centralizado, suas vantagens e desvantagens.
9. Descreva o sistema descentralizado, suas vantagens e desvantagens.
10. Explique o ciclo de compras.
11. Explique a análise das OC recebidas.
12. Explique a programação de materiais para compras.
13. Explique a ficha de histórico de cada material.
14. Como o órgão de Compras planeja suas atividades?
15. Explique o fichário de materiais.
16. Conceitue fornecedor.
17. O que é pesquisa e seleção de fornecedores?
18. Conceitue pesquisa de fornecedores.
19. Como é feita a pesquisa de fornecedores?
20. Explique o cadastro de fornecedores.
21. Como o órgão de Compras conhece o mercado de fornecedores?
22. Explique o fichário de fornecedores.
23. Conceitue seleção de fornecedores.
24. Quais são os principais critérios de seleção de fornecedores?
25. Qual é a diferença entre a pesquisa e a seleção de fornecedores?
26. Como é feita a comparação de preços e cotações de materiais?

27. Explique a negociação com o fornecedor selecionado.
28. Conceitue negociação.
29. O que é PC?
30. O que é acompanhamento do pedido?
31. Explique a palavra *follow-up*.
32. Para que serve o acompanhamento do pedido?
33. O que é controle do recebimento do material comprado?
34. Para que serve o controle do recebimento?
35. Se o controle está OK, o que faz o órgão de Compras?
36. Por que o ciclo de compras é contínuo e ininterrupto?
37. Por que é cíclico e repetitivo?
38. Explique a velha e a nova abordagens a respeito de suprimentos.
39. Explique o SCM e sua configuração.

REFERÊNCIA

1. MARTINS, P. G.; LAUGENI, F. P. *Administração da Produção*. São Paulo, Saraiva, 2005. p. 170.

7 ARMAZENAMENTO DE MATERIAIS

O QUE VEREMOS ADIANTE

- Almoxarifado e depósito.
- Arranjo físico (leiaute).
- Tipos de estocagem de materiais.
- Técnicas de estocagem de materiais.
- Codificação de materiais.
- Inventário físico.

INTRODUÇÃO

As necessidades de materiais nem sempre são imediatas e quase nunca são constantes. A variação é tremenda. Enquanto os materiais existentes não são necessários ao processo produtivo, eles precisam ser armazenados. No momento oportuno em que são necessários, os materiais devem estar imediatamente disponíveis para a utilização no processo produtivo. O armazenamento de materiais funciona como um bolsão capaz de suprir as necessidades da produção. Por outro lado, o armazenamento de produtos acabados (PA) também funciona como um bolsão que supre as necessidades de vendas da empresa. Ambos, armazenamento de materiais e armazenamento de PA, servem para amortecer as incertezas quanto às entradas de insumos e as incertezas quanto às saídas de PA.

Daremos, neste capítulo, ênfase especial ao Almoxarifado como um dos mais importantes esquemas de armazenamento de materiais.

7.1 ALMOXARIFADO E DEPÓSITO

Vimos anteriormente que Almoxarifado e Depósito constituem os dois extremos do processo produtivo. O primeiro proporciona os insumos – as matérias-primas (MP) necessárias à produção – enquanto o segundo recebe os resultados do processo produtivo – os PA e os disponibiliza rumo aos clientes. Em outras palavras, o Almoxarifado cuida das MP no início da produção, enquanto o Depósito cuida dos PA no final da produção.

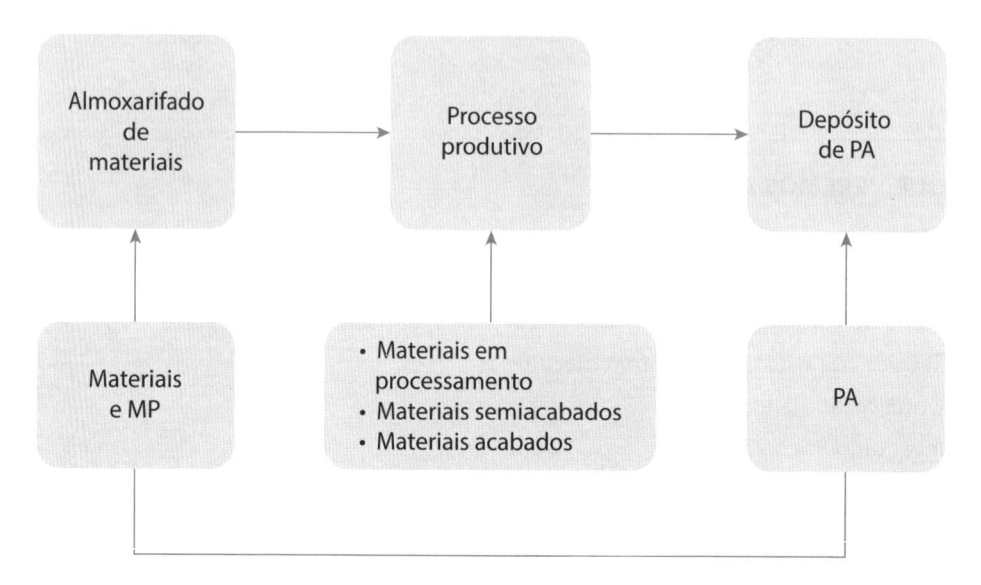

Figura 7.1 O Almoxarifado e o Depósito como entrada e saída do processo produtivo.

7.1.1 Almoxarifado

O Almoxarifado se incumbe de armazenar os materiais iniciais, como as MP e outros materiais adquiridos de terceiros. O Depósito se incumbe de armazenar os PA. As várias seções envolvidas no processo produtivo também armazenam materiais – em processamento, semiacabados e materiais acabados – enquanto os processam e transformam. Assim, convém distinguir entre armazenamento de MP, de materiais em trânsito e de PA.

Almoxarifado é o órgão que recebe, guarda e estoca os materiais necessários para as operações da empresa, predominantemente as MP necessárias para o processo produtivo. O Almoxarifado recebe os materiais adquiridos dos fornecedores externos por meio de negociação do órgão de Compras. O órgão de Compras libera a chegada dos materiais comprados para a entrada no Almoxarifado somente após a aprovação pelo órgão de Controle de Qualidade (CQ), que geralmente mantém uma seção denominada Inspeção de Qualidade na Recepção do Material. A seguir, os materiais são imediatamente classificados e armazenados no Almoxarifado e ficam ali aguardando ser requisitados pelas diversas seções por meio da requisição de materiais (RM).

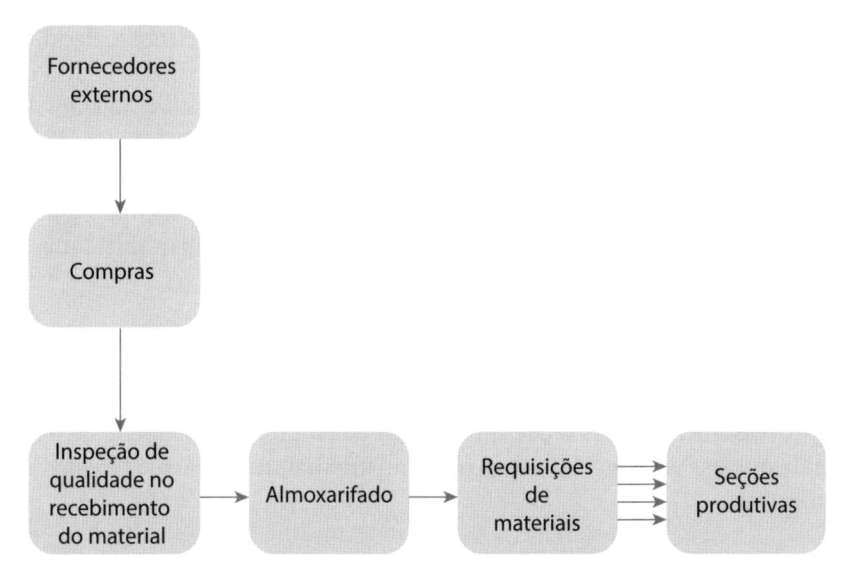

Figura 7.2 O fluxo dos materiais no almoxarifado.

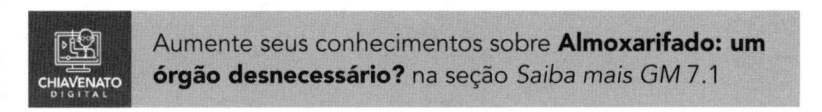

> Aumente seus conhecimentos sobre **Almoxarifado: um órgão desnecessário?** na seção *Saiba mais GM 7.1*

A RM deve atender a três finalidades:

1. Autorizar a saída de material do Almoxarifado.
2. Proceder ao respectivo lançamento de saída de material na ficha de estoque (FE).
3. Calcular o custo de produção.

Assim, a ordem que permite a cada seção retirar material do Almoxarifado é a RM, que deve conter as informações conforme o Quadro 7.1.

Quadro 7.1 A requisição de material e suas informações básicas

REQUISIÇÃO DE MATERIAL		Nº _____	
Ordem nº .... Quantidade:	Data de entrega: ..../........../.......... Data de emissão: ..../........../..........		
Material retirado por:	Data da retirada	Quantidade retirada	Custo unitário da RM
Lançado na FE por:	Data da devolução	Quantidade devolvida	Custo total
Observações:			

Além de funcionar como uma ordem para retirar material do Almoxarifado, a RM deve proporcionar meios de controlar as saídas do material do Almoxarifado. Diária ou periodicamente as RM são recebidas pelo Almoxarifado. Primeiramente, elas são transferidas para as FE por meio do arquivo de FE ou do terminal do computador. A quantidade de material requisitado é registrada como saída da FE, com a data e o número da RM, bem como da seção requisitante. A seguir, são atendidas pelo pessoal do Almoxarifado e devidamente arquivadas ou encaminhadas para a Contabilidade Geral ou Contabilidade de Custos, conforme a empresa.

7.1.2 Depósito

Depósito é o órgão que guarda e armazena os PA da empresa. O Depósito recebe os PA após todo o seu processamento pelas seções produtivas da empresa e sua liberação pelo órgão de CQ. À medida que os PA chegam ao Depósito, são imediatamente armazenados e estocados para futura entrega.

Figura 7.3 Fluxo dos PA no Depósito.

Os pedidos dos clientes constituem as ordens por meio das quais os PA são requisitados ao Depósito pelo órgão de Vendas. As entradas e as saídas de PA são registradas no terminal de computador.

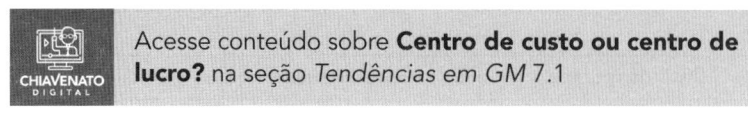

Acesse conteúdo sobre **Centro de custo ou centro de lucro?** na seção *Tendências em GM 7.1*

7.2 ARRANJO FÍSICO (LEIAUTE)

O arranjo físico ou leiaute (do inglês *layout* = colocar, dispor, ocupar, localizar, assentar) é o esquema de disposição física dos equipamentos, pessoas e materiais, da maneira mais adequada ao processo produtivo. Significa a colocação racional dos diversos elementos – máquinas, equipamentos, instalações, materiais e pessoas – combinados para proporcionar a produção de produtos ou serviços de maneira eficiente e eficaz em função do espaço físico disponível. Quando se fala em arranjo físico, pressupõe-se o planejamento do espaço físico a ser ocupado e utilizado para garantir eficiência e eficácia no processo produtivo.

O arranjo físico tem os seguintes objetivos:

- Integrar máquinas, pessoas e materiais para possibilitar uma produção eficiente.
- Reduzir transportes e movimentos de materiais.
- Permitir um fluxo regular de materiais e produtos ao longo do processo produtivo, evitando gargalos de produção.
- Proporcionar utilização eficiente do espaço ocupado.
- Facilitar e melhorar as condições de trabalho.
- Permitir flexibilidade, a fim de atender possíveis mudanças imprevistas.

> Aumente seus conhecimentos sobre **Produção enxuta** na seção *Saiba mais GM 7.2*

O arranjo físico pode também se referir à localização física dos diversos órgãos ligados direta ou indiretamente à produção. Da mesma maneira como as máquinas, os equipamentos e os materiais devem estar adequadamente colocados e dispostos fisicamente para facilitar o processo produtivo. Os órgãos da empresa precisam ocupar espaços que facilitem as operações e sua interdependência. Isso significa planejar e organizar espaço para escritórios, mesas, instalações, pessoas etc.

O arranjo físico é representado por meio do leiaute, um gráfico que representa a disposição espacial, a área ocupada e a localização das máquinas, pessoas e materiais. Pode representar também a disposição das seções envolvidas no processo produtivo.

Existem três tipos principais de leiaute: de processo, de produto e estacionário.

7.2.1 Leiaute de processo

É utilizado quando as máquinas e as pessoas são dispostas por especialidade e os materiais se deslocam ao longo das seções até seu acabamento. É o leiaute utilizado quando o produto sofre frequentes modificações e o volume de produção é relativamente baixo. Sua principal vantagem é a flexibilidade. As desvantagens são os custos elevados de produção e os custos de movimentação de materiais. O leiaute de processo é também denominado leiaute funcional. O leiaute de processo é muito utilizado no sistema de produção em lotes. O sistema de produção em lotes provoca paralisações intermitentes quando um lote termina e outro diferente é iniciado. Nesses intervalos de mudança de lote, pode ocorrer ociosidade e ritmo irregular de produção. Quase sempre exige uma área maior de espaço útil para armazenamento temporário de materiais em processamento.

7.2.2 Leiaute de produto

É utilizado quando os equipamentos e os materiais são dispostos em uma mesma seção conforme a sequência das operações. Os materiais movem-se linearmente. É o leiaute utilizado quando o produto é padronizado e não sofre modificações. Suas principais vantagens são os custos reduzidos de produção e de movimentação de materiais, bem como a facilidade de planejamento e de controle da produção. As desvantagens estão na falta de flexibilidade e nos elevados investimentos em equipamentos. O leiaute de produto é também denominado leiaute linear. É muito utilizado no sistema de produção contínua.

7.2.3 Leiaute estacionário

É utilizado quando o produto é de grande porte e não se movimenta. As máquinas, as pessoas e os materiais deslocam-se incessantemente para as operações sucessivas. É o leiaute utilizado na produção de produtos como navios, maquinários pesados e de grande porte, grandes estruturas, aviões, material ferroviário etc., nos quais o ciclo de fabricação é longo e envolve muitas áreas diferentes. Sua vantagem está na enorme flexibilidade do arranjo, que permite modificações no projeto e no planejamento da produção. O leiaute estacionário é também denominado leiaute de posição e é muito utilizado no sistema de produção sob encomenda. Porém, o sistema de produção sob encomenda traz complexidades à Administração de Materiais (AM). A produção é diversificada e com ritmo muito irregular, provocando ocasiões de alta ociosidade.

7.2.4 Condições básicas do arranjo físico

No caso do Almoxarifado e do Depósito, os principais aspectos de leiaute a serem verificados são apresentados a seguir.

7.2.4.1 Itens de estoque

Os itens de estoque de classe A do Almoxarifado e as mercadorias de maior saída do Depósito devem ser armazenados nas imediações da saída ou expedição, a fim de facilitar o manuseio. O mesmo deve ser feito em relação aos itens de grande peso e volume.

Quadro 7.2 Tipos de leiaute

Leiaute de processo	Leiaute de produto	Leiaute estacionário
- Arranjo fixo de máquinas e pessoas por especialidade	- Arranjo fixo de máquinas e pessoas pela sequência das operações	- Máquinas e pessoas se deslocam ao redor do produto
- Os materiais se deslocam ao longo das seções até seu acabamento	- Os materiais se movem linearmente ao longo das máquinas	- Os materiais se movem incessantemente para as operações ao redor do produto, que é fixo
- Flexibilidade	- Baixos custos de movimentação de materiais	- Flexibilidade
- Custos elevados de movimentação de materiais	- Elevados investimentos em equipamentos	- Ritmo irregular e ociosidade

7.2.4.2 Corredores

Os corredores dentro do Almoxarifado e do Depósito deverão facilitar o acesso aos materiais e às mercadorias em estoque. Quanto maior a quantidade de corredores, maior será a facilidade de acesso, e, em contrapartida, menor o espaço disponível para o armazenamento. O armazenamento com prateleiras requer um corredor para cada duas filas de prateleiras. Portanto, espaço adicional.

A largura dos corredores é determinada pelo equipamento de manuseio e movimentação dos materiais. Os corredores principais e os de embarque devem permitir o trânsito de duas empilhadeiras ao mesmo tempo, em dois sentidos. Conforme a empilhadeira utilizada, a largura mínima dos corredores deve ser de 2,4 m, 3,0 m ou 3,6 m.

A localização dos corredores é determinada em função das portas de acesso, dos elevadores e da arrumação dos materiais ou mercadorias. Entre os materiais e as paredes do edifício devem existir passagens mínimas de 60 cm para acesso às instalações de combate a incêndios.

7.2.4.3 Portas de acesso

As **portas de acesso** ao Almoxarifado ou ao Depósito devem permitir a passagem de equipamentos de manuseio e movimentação dos materiais, como empilhadeiras, carrinhos etc. Tanto altura quanto largura devem ser devidamente dimensionadas.

O local de expedição de materiais ou de embarque de mercadorias deve ser projetado para facilitar as operações de manuseio, carga e descarga. Próximo ao local de expedição ou de embarque deve haver um espaço de armazenagem temporária para colocar separadamente as mercadorias, conforme as praças ou os clientes. O acostamento para veículos deve considerar a quantidade diária de embarques, bem como o tempo de carga e descarga de caminhões, empilhadeiras etc.

7.2.4.4 Empilhamentos ou prateleiras

Quando houver empilhamentos ou prateleiras no Almoxarifado ou no Depósito, a altura máxima deverá considerar o peso dos materiais e as limitações dos equipamentos de elevação. O topo das pilhas de materiais ou de mercadorias deve se distanciar 1 m das luminárias do teto ou dos *sprinklers* (equipamentos fixos de combate a incêndio) de teto.

O piso deve ser suficientemente resistente para suportar o peso dos materiais estocados e o trânsito dos equipamentos de manuseio e movimentação.

> Aumente seus conhecimentos sobre **O sistema produtivo com múltiplas entradas** na seção *Saiba mais GM 7.3*

7.3 TIPOS DE ESTOCAGEM DE MATERIAIS

Existem três tipos básicos de estocagem de materiais, que dependem do sistema produtivo empregado: a estocagem de MP, a estocagem intermediária e a estocagem de PA.

7.3.1 Estocagem de matérias-primas

Embora algumas MP possam ser armazenadas em aberto, isto é, no tempo, o mais frequente é a estocagem interna, ou seja, dentro do Almoxarifado de MP. A estocagem de MP resulta da diferença entre as médias de consumo e as de recebimento do material. O nível de estocagem de MP depende das quantidades de material compradas e recebidas, e do prazo de entrega do fornecedor.

Quando as MP são armazenadas expostas ao tempo – como é o caso de produtos químicos, nas indústrias químicas, de madeira, nas indústrias de papel, dos lingotes, na laminação do alumínio e do aço, por exemplo –, a estocagem de MP pode ser centralizada ou descentralizada. Vejamos cada uma das duas alternativas nesses casos.

1. **Estocagem de MP centralizada**: a estocagem em um único local centralizado para toda a MP facilita o planejamento da produção, o inventário do material, que é concentrado em um só ponto da empresa, melhora o controle sobre os itens, principalmente materiais defeituosos, cuja rejeição é mais simples.
2. **Estocagem de MP descentralizada**: é a estocagem de MP junto a algum ponto ou vários pontos de utilização do material. A entrega da MP é mais rápida devido à proximidade do consumo, reduz os atrasos provocados por enganos na remessa de materiais a outros locais diferentes e possibilita um inventário mais rápido, por meios visuais. Além disso, o trabalho do fichário e da documentação é menor.

7.3.2 Estocagem intermediária

É a estocagem de materiais em processamento ou em vias, de materiais semiacabados e de acabados ou componentes. São os materiais transformados, processados ou fabricados parcial ou totalmente e que ingressam na etapa seguinte do processo produtivo. A estocagem intermediária resulta das diferentes capacidades das várias máquinas ou seções produtivas. A produção deve ser transportada da máquina ou seção para um estoque intermediário até ser submetida à máquina ou seção seguinte. A estocagem intermediária também pode ser centralizada ou descentralizada.

- **Estocagem intermediária centralizada**: requer equipamentos de movimentação de materiais e uma área única e específica de armazenamento provisório.
- **Estocagem intermediária descentralizada**: requer várias áreas próximas às seções produtivas, com caixas, *pallets* ou prateleiras para armazenamento local.

7.3.3 Estocagem de produtos acabados

É a estocagem que ocorre no depósito de PA. Geralmente, é centralizada e sua localização depende do mercado de clientes que a empresa procura atender.

> **TENDÊNCIAS EM GM**
>
> **Estocagem centralizada**
>
> A necessidade de criação de centros de distribuição (CD) deve ser avaliada em decorrência do tipo de negócio e da estratégia da organização. Considerando que o objetivo de um CD é atender, de forma rápida e econômica, as demandas dos clientes, reduzindo o impacto da localização, eles são construídos em posições geograficamente estratégicas, por exemplo, perto de rodovias. As empresas adotam o CD, pois ele auxilia as empresas a fornecerem rapidamente para os clientes tanto o PA quanto a MP necessária para atender a determinadas cadeias de suprimentos que trabalham com o conceito *Just-in-time* (JIT). Em um ambiente altamente competitivo, onde os clientes, sejam empresas ou consumidor final, estão a cada dia mais exigentes e cobrando prazos cada vez menores, os CD passam a contribuir para aumentar a eficiência operacional das empresas.
>
> Trata-se de um local centralizado para onde fluem todas as compras de PA dos vários fornecedores. Casas Bahia, Pão de Açúcar e muitos supermercados e empresas varejistas adotam esse conceito. Sua vantagem está em facilitar as compras e a administração de PA disponíveis em estoque. Em geral, as compras também são centralizadas, desde que a empresa possua um sistema avançado de controle de estoques que envolva toda a rede de filiais.

7.4 TÉCNICAS DE ESTOCAGEM DE MATERIAIS

O armazenamento de materiais depende da dimensão e das características dos materiais. Estes podem exigir desde uma simples prateleira até sistemas complicados que envolvem grandes investimentos e tecnologias sofisticadas.

A escolha do sistema de estocagem de materiais depende dos seguintes fatores:

- Espaço disponível para estocagem dos materiais.
- Tipos de materiais a serem estocados.
- Número de itens estocados.
- Velocidade de atendimento necessária.
- Tipo de embalagem.

O sistema de estocagem escolhido deve seguir algumas técnicas imprescindíveis na Gestão de Materiais (GM). As principais técnicas de estocagem de materiais são:

- Carga unitária.
- Caixas ou gavetas.
- Prateleiras.
- Raques.
- Empilhamento.
- *Container* flexível.

Vejamos cada uma dessas técnicas de estocagem de materiais.

7.4.1 Carga unitária

Dá-se o nome de carga unitária à carga constituída de embalagens de transporte que arranjam ou acondicionam certa quantidade de material para possibilitar seu manuseio, transporte e armazenagem como se fosse uma unidade. A carga unitária é um conjunto de cargas contidas em um recipiente que forma um todo único quanto a manipulação, armazenamento ou transporte. Trata-se de uma espécie de módulo.

A formação de carga unitária se faz por meio de um dispositivo chamado *pallet*. *Pallet* é um estrado de madeira padronizado, de diversas dimensões. Suas medidas convencionais básicas são 1.100 mm × 1.100 mm, como padrão internacional, para se adequar aos diversos meios de transporte e armazenagem.

Os *pallets* podem ser classificados da seguinte maneira:

- **Quanto ao número de entradas**: *pallets* de duas e de quatro entradas:
  - *Pallets* **de duas entradas**: são usados quando o sistema de movimentação de materiais não requer cruzamento de equipamentos de manuseio.
  - *Pallets* **de quatro entradas**: são usados quando o sistema de movimentação de materiais requer cruzamento de equipamentos de manuseio.
- **Quanto ao número de faces**: *pallets* de uma e de duas faces:
  - *Pallets* **de uma face**: são usados quando a operação não requer estocagem ou quando o *pallet* não requer reforço, pois o material é relativamente leve.

- *Pallets* **de duas faces**: são usados quando se requer uma unidade mais reforçada ou quando se pretende utilizar o *pallet* por duas vidas úteis. São *pallets* de armação com travessas na parte inferior, formando um conjunto mais reforçado. Utiliza-se a parte superior inicialmente e, quando estragada, passa-se a utilizar a parte inferior. Daí o nome de duas vidas. Muito útil quando os materiais atacam a madeira por atrito, abrasão, corrosão etc.

A paletização permite que as cargas sejam manipuladas, transportadas e estocadas como uma só unidade. As vantagens principais da paletização são: economia de tempo e de esforço, mão de obra e área de armazenagem menores, além de economizar tempo na carga e descarga dos equipamentos de movimentação de materiais.

7.4.2 Caixas ou gavetas

É a técnica de estocagem ideal para materiais de pequenas dimensões, como parafusos, arruelas, alguns materiais de escritório, como lápis, canetas esferográficas etc. Alguns materiais em processamento, semiacabados ou acabados podem ser estocados em caixas nas próprias seções produtivas. As **caixas** ou **gavetas** podem ser metálicas, de madeira ou de plástico. As dimensões devem ser padronizadas, e seu tamanho pode variar enormemente. Podem ser construídas pela própria empresa ou adquiridas no mercado fornecedor.

7.4.3 Prateleiras

É uma técnica de estocagem destinada a materiais de tamanhos diversos e para o apoio de gavetas ou caixas padronizadas. As prateleiras podem ser de madeira ou perfis metálicos, de vários tamanhos e dimensões. Os materiais estocados nos nichos devem ficar identificados e visíveis. A altura depende do tamanho e do peso dos materiais estocados. A prateleira constitui o meio de estocagem mais simples e econômico. É a técnica adotada para peças pequenas e leves, e quando o estoque não é muito grande.

7.4.4 Raques

O raque (do inglês, *rack*) é construído para acomodar peças longas e estreitas como tubos, barras, tiras, vergalhões, feixes etc. Pode ser montado em rodízios para facilitar o deslocamento. Sua estrutura pode ser de madeira ou aço.

7.4.5 Empilhamento

Trata-se de uma variante da estocagem de caixas para aproveitar ao máximo o espaço vertical. As caixas ou *pallets* são empilhados uns sobre os outros, obedecendo a uma distribuição equitativa de cargas. É uma técnica de estocagem que reduz a necessidade de divisões nas prateleiras, já que, na prática, forma uma grande e única prateleira. O empilhamento favorece a utilização dos *pallets* e, em decorrência, das empilhadeiras, que constituem o equipamento ideal de movimentação para lidar com eles. A configuração do empilhamento é que define o número de entradas necessárias aos *pallets*.

7.4.6 Container flexível

É uma das técnicas mais recentes de estocagem. O *container* flexível é uma espécie de saco feito com tecido resistente e borracha vulcanizada, com um revestimento interno que varia conforme seu uso. É utilizado para estocagem e movimentação de sólidos a granel e de líquidos, com capacidade que pode variar entre 500 e 1.000 kg. Sua movimentação pode ser feita por meio de empilhadeiras ou guinchos.

É muito comum a utilização de técnicas de estocagem associando o sistema de empilhamento de caixas ou *pallets* com a prateleira, como é o caso das prateleiras porta-*pallets*, que proporcionam flexibilidade e melhor aproveitamento vertical dos armazéns.

> Aumente seus conhecimentos sobre **Para cada material, uma técnica de estocagem** na seção *Saiba mais GM 7.4*

7.5 CODIFICAÇÃO DE MATERIAIS

Para facilitar a localização dos materiais armazenados no Almoxarifado, as empresas utilizam sistemas de codificação dos materiais.

Quando a quantidade de itens é muito grande, torna-se quase impossível identificar todos eles pelos seus respectivos nomes, marcas, tamanhos etc. Para facilitar a administração dos materiais, deve-se classificar os itens por meio de um sistema racional, que permita procedimentos de armazenagem adequados, operacionalização do Almoxarifado e controle eficiente dos estoques. Dá-se o nome de classificação de itens à catalogação, simplificação, especificação, normalização, padronização e codificação de todos os materiais que compõem o estoque da empresa.

Vejamos melhor essa conceituação de classificação, definindo cada uma de suas etapas.

- **Catalogação**: significa o arrolamento de todos os itens existentes de modo a não omitir nenhum deles. A **catalogação** permite a apresentação conjunta de todos os itens, proporcionando uma ideia geral da coleção.
- **Simplificação**: significa a redução da grande diversidade de itens empregados para uma mesma finalidade. Quando existem duas ou mais peças para um mesmo fim, recomenda-se a simplificação: a escolha pelo uso de apenas uma delas. A simplificação favorece a normalização.
- **Especificação**: significa a descrição detalhada de um item, como suas medidas, formato, tamanho, peso etc. Quanto maior a especificação, mais informações sobre o item e menos dúvidas se terá a respeito de sua composição e características. A especificação facilita as compras do item, pois permite dar ao fornecedor uma ideia precisa do material a ser comprado. Facilita a inspeção no recebimento do material, o trabalho da Engenharia de Produto etc.

- **Normalização**: significa a maneira pela qual o material deve ser utilizado em suas diversas aplicações. A palavra deriva de normas, que são as prescrições sobre o uso dos materiais.
- **Padronização**: significa estabelecer idênticos padrões de peso, medidas e formatos para os materiais de modo que não existam muitas variações entre eles. A padronização faz com que os parafusos, por exemplo, sejam de tal ou qual especificação, evitando que centenas de parafusos diferentes entrem desnecessariamente em estoque.

Assim, a catalogação, a simplificação, a especificação, a normalização e a padronização constituem os diferentes passos rumo à classificação. A partir da classificação, é possível codificar os materiais.

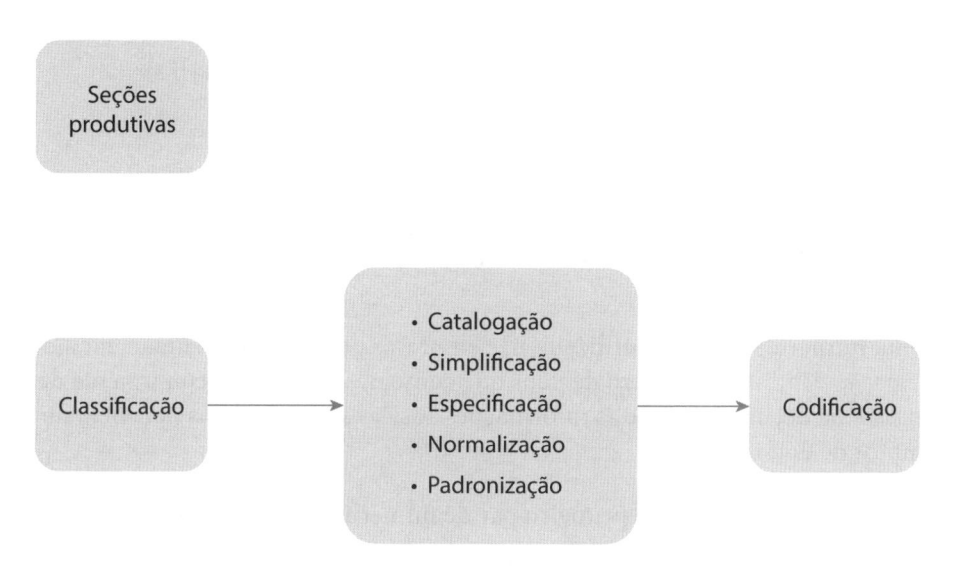

Figura 7.4 Classificação dos itens.

Assim, classificar um material é agrupá-lo de acordo com sua dimensão, forma, peso, tipo, características, utilização etc. A classificação deve ser feita de tal modo que cada gênero de material ocupe um local respectivo que facilite sua identificação e localização no Almoxarifado.

A codificação é uma decorrência da classificação dos itens. Codificação significa a apresentação de cada item por meio de um código que contém as informações necessárias e suficientes por meio de números e/ou letras. Os sistemas de codificação mais utilizados são: os códigos alfabético, alfanumérico e numérico.

- **Sistema alfabético**: codifica os materiais com um conjunto de letras, cada qual identificando determinadas características e especificações. O sistema alfabético limita o número de itens e é de difícil memorização. Por essas razões, é um sistema pouco utilizado.

- **Sistema alfanumérico**: é uma combinação de letras e números que abrange um maior número de itens. As letras representam a classe do material e seu grupo naquela classe, enquanto os números representam o código indicador do item.

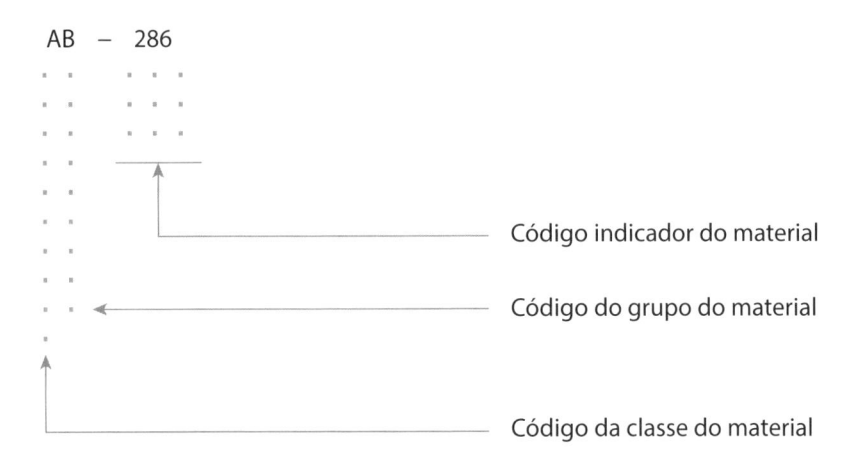

```
AB  -  286
 :  :     :  :  :
 :  :     :  :  :
 :  :     :  :  :
 :  :     ↑
 :  :     ──────────────── Código indicador do material
 :  :
 :  : ←──────────────────── Código do grupo do material
 :
 ↑
 ──────────────────────────  Código da classe do material
```

Figura 7.5 Sistema alfanumérico de codificação de materiais.

- **Sistema numérico**: é o mais utilizado nas empresas por sua simplicidade, facilidade de informação e ilimitado número de itens que consegue abranger. É comumente denominado sistema decimal, porque as informações básicas são fornecidas por meio de vários conjuntos de dois números.

A primeira dezena – isto é, o primeiro par de números – classifica as principais classes de materiais:
01 – MP.
02 – Materiais em processamento ou em vias.
03 – Materiais semiacabados.
04 – Materiais acabados ou componentes.
05 – PA.
06 – Materiais de escritório.
07 – Materiais de limpeza.
08 – Materiais inflamáveis.
09 – Combustíveis, óleos e lubrificantes.
10 – Materiais diversos.

A segunda dezena classifica os principais grupos de materiais em cada classe representada pela primeira dezena. Enquanto a primeira dezena indica a classificação geral, a segunda dezena indica os diversos grupos de materiais em cada classe. Seja a classe 06 – materiais de escritório – com os seguintes grupos de materiais:

06 – Materiais de escritório:
   01 – Papel rascunho.
   02 – Blocos de carta.
   03 – Papel-carta.
   04 – Caneta esferográfica.
   05 – Lápis.
   06 – Borrachas.
   07 – Clipes.
   08 – Envelopes.
   09 – Outros materiais.

A terceira dezena representa a codificação individualizada. Muitas vezes, torna-se necessária uma terceira dezena para melhor definir os diversos tipos de materiais. Seja, por exemplo, a codificação individualizada 04 – caneta esferográfica – que deve ser melhor definida:

06 – 04 –
   01 – Marca Bic, cor azul, escrita fina.
   02 – Marca Bic, cor vermelha, escrita fina.
   03 – Marca Bic, cor preta, escrita fina.
   04 – Marca Faber, cor azul, escrita fina etc.

A quarta dezena representa a codificação definidora, como mostrado na Figura 7.6.

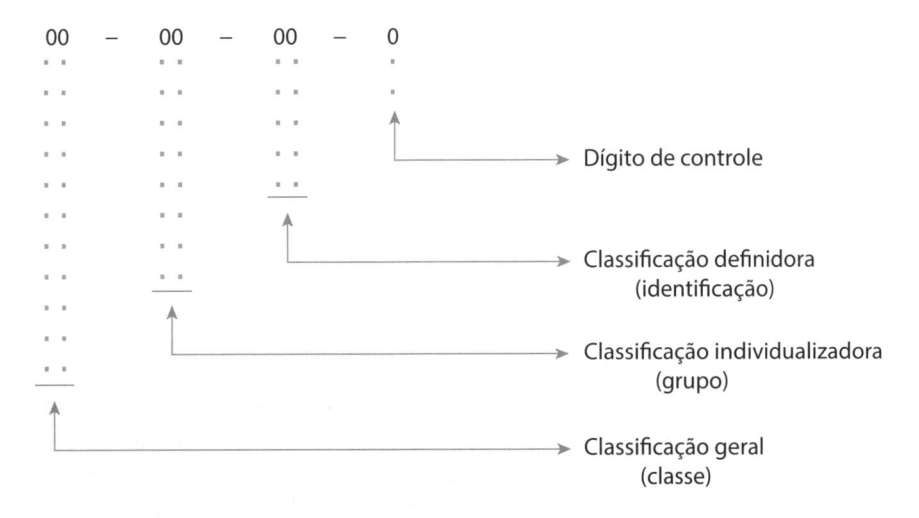

```
00  –  00  –  00  –  0
                      │
                      └──► Dígito de controle

                  ┌──────► Classificação definidora
                              (identificação)

         ┌───────────────► Classificação individualizadora
                              (grupo)

┌──────────────────────► Classificação geral
                              (classe)
```

Figura 7.6 Sistema decimal de codificação de materiais.

O sistema decimal permite uma enorme amplitude de variações, pois pode ser subdividido em classes, grupos, subclasses e subgrupos conforme as necessidades de cada empresa.

De modo geral, a codificação deve substituir o nome do material em todos os documentos da empresa, principalmente nas RM.

> **PARA REFLEXÃO**
>
> **Custos e benefícios de comprar e de estocar**
>
> Quando comprar e quando estocar – essa é a problemática de cada empresa. O que mais vale a pena? Comprar implica custos – que já vimos antes –, e estocar também. Cada decisão de comprar ou estocar depende de uma profunda avaliação dos custos e benefícios de cada alternativa, seja em reais, seja em exposição a riscos, seja em vantagens, economias, despesas etc.
>
> A decisão em comprar e manter estoque é um grande desafio, haja vista que o ideal é manter um estoque mínimo que possa atender à demanda produtiva, evitando a oneração do caixa. Por esse motivo, o gerenciamento do estoque é estratégico para a organização, já que pode gerar custos desnecessários. Quando se armazena muitos materiais, existe o risco de deterioração e obsolescência e, dependendo do material, pode ocorrer sua contaminação, impossibilitando seu uso ou venda. Por outro lado, quando falta estoque, decorrente de pedidos não atendidos ou planejamento mau realizado, os custos incorrerão devido a vendas perdidas, atraso nos pedidos ou, até mesmo, problemas e paradas da linha de produção por falta de MP. Para que o gerenciamento do estoque possa impactar positivamente nos resultados da empresa, é necessário que o processo de comunicação entre os diversos atores envolvidos seja eficiente. Em uma indústria, por exemplo, os ruídos ou a falta de comunicação entre áreas como Manutenção e/ou Produção e o setor de Compra de Materiais, prejudica a gestão futura do estoque, podendo gerar diversas não conformidades, tais como prejuízo financeiro devido à negociação de melhores preços que poderia ocorrer se a compra fosse em maior escala; falta de material na linha de produção ou manutenção, ocasionando atrasos para o cliente e perda de credibilidade na empresa e, claro, aumento adicional em todo o processo produtivo e logístico, impactando os resultados operacionais.

7.6 INVENTÁRIO FÍSICO

Dá-se o nome de inventário de materiais à verificação ou confirmação da existência dos materiais ou bens patrimoniais da empresa. Na realidade, o inventário é um levantamento físico ou contagem dos materiais existentes para efeito de confrontação periódica com os estoques anotados nos fichários de estoques ou no banco de dados sobre materiais. Algumas empresas lhe dão o nome de inventário físico porque se trata de um levantamento físico e palpável daquilo que existe em estoque na empresa e para diferenciar do estoque registrado nas FE.

O inventário físico é efetuado periodicamente, quase sempre no encerramento do período fiscal da empresa, para efeito de balanço contábil. Nessa ocasião, o inventário é levantado em toda a empresa com a ajuda de todo o pessoal: no Almoxarifado, nas seções produtivas, no Depósito etc.

O inventário físico é importante pelas seguintes razões:

- Permite a verificação das discrepâncias entre os registros de estoque nas FE e o estoque físico (quantidade real no estoque).

- Permite a verificação das discrepâncias entre o estoque físico e o estoque contábil, em valores monetários.
- Proporciona a apuração do valor total do estoque (contábil), para efeito de balanço ou de balancete, quando o inventário é realizado próximo ao encerramento do exercício fiscal.

A necessidade do inventário físico se dá por duas razões:

1. O inventário físico atende à exigência fiscal, pois deve ser transcrito no livro de inventário, conforme a legislação.
2. O inventário físico atende à necessidade contábil, para verificação, na realidade, da existência do material e apuração do consumo real.

7.6.1 Tipos de inventário

Existem dois tipos de inventário: os inventários gerais e os inventários rotativos.

1. **Inventários gerais**: são efetuados no final do exercício fiscal da empresa, abrangendo a totalidade dos itens de estoque de uma só vez. Pelo volume de contagens feitas, levam algum tempo, exigindo a paralisação de cada área inventariada. Não permitem reconciliações ou ajustes, nem a análise das causas das divergências entre o estoque das FE e o estoque realmente contado.
2. **Inventários rotativos**: são efetuados por meio de uma programação mensal, envolvendo determinados itens de material a cada mês. Com a menor quantidade de itens, esse tipo de inventário não exige a paralisação da área inventariada e permite condições de análise das causas das discrepâncias entre o registrado e o real, bem como melhor controle. Os itens de classe A são programados para serem inventariados três vezes a cada ano, os de classe B são inventariados duas vezes ao ano, enquanto os de classe C são inventariados apenas uma vez ao ano. É óbvia a superioridade dos inventários rotativos sobre os inventários gerais.

7.6.2 Planejamento do inventário

Para que possa ser executado dentro do menor tempo e da melhor maneira possível, o inventário deve ser bem planejado. O planejamento do inventário deve incluir as seguintes etapas:

- **Convocação das equipes de inventariantes**: os inventariantes devem ser escolhidos entre os funcionários da empresa e agrupados em duas equipes: a equipe de primeira contagem ou de reconhecimento e a equipe de segunda contagem ou de revisão. Cada equipe deve ser convocada com certa antecedência, com todos os esclarecimentos e suficiente motivação para o bom andamento das contagens.
- **Arrumação física**: os itens a serem inventariados deverão ser adequadamente arrumados, agrupando-se itens iguais, identificando-os com os respectivos cartões, desimpedindo os corredores para facilitar a movimentação, isolando os itens que não serão inventariados de maneira a facilitar os trabalhos de contagem. A arrumação física dos materiais a inventariar permite um trabalho mais rápido e inteligente de contagem.
- **Cartão de inventário**: também chamado ficha de inventário, constitui o meio de registro de contagem de cada item. O cartão de inventário pode ser impresso em diferentes

cores para identificar os vários tipos de estoque e pode ter partes destacáveis para até três contagens do mesmo item. Quando o controle de estoque é feito por processamento de dados, as talas identificadoras podem ser pré-impressas pelo computador, definindo o código do item, a descrição do material, a localização e a data do inventário. Apenas a quantidade deverá ser anotada pelos inventariantes.

Quadro 7.3 Modelo de cartão de inventário

(0)	
Código: Descrição: Local: Quantidade:	
Código: Descrição: Local: Quantidade:	1ª contagem ——————— ——————— Visto Conferido
Código: Descrição: Local: Quantidade:	2ª contagem ——————— ——————— Visto Conferido

- **Atualização dos registros de estoque**: os registros de entradas, saídas e saldos de estoques deverão ser atualizados até a data do inventário. Todos os documentos emitidos um dia antes da data de contagem deverão ser carimbados com a identificação "antes do inventário", enquanto os documentos emitidos no dia seguinte ao inventário deverão ser carimbados com "depois do inventário". O saldo atualizado na FE deverá ser sublinhado, indicando a quantidade disponível na data do inventário para fins de reconciliação com o inventário físico e possível reajuste. No dia do inventário, não deve haver movimentação de materiais: as entradas de materiais (entregas de fornecedores) e as saídas de materiais (RM) deverão ser suspensas para evitar o risco de dupla contagem de um mesmo material.

- **Contagem do estoque**: cada item de estoque a ser inventariado deverá ser obrigatoriamente contado duas vezes. A primeira contagem será feita pela equipe reconhecedora, que fixará o cartão de inventário em cada item, anotando a contagem no respectivo destaque do cartão, destacando-o e entregando-o ao chefe da equipe. A segunda contagem será feita pela equipe revisora, que a anotará no respectivo destaque do cartão, destacando-o e entregando-o ao chefe da equipe. O coordenador do inventário deverá verificar se a primeira contagem confere com a segunda. Se positivo, o inventário para esse item estará correto. Se houver discrepância, deverá encaminhar o item para uma terceira contagem por outra equipe diferente. A tala identificadora deverá permanecer afixada no material como prova de sua contagem e será retirada apenas quando terminado o inventário.

- **Reconciliações e ajustes**: nos casos de divergências entre o real e o registrado, as seções envolvidas no controle de estoques deverão justificar as variações ocorridas entre o estoque contábil e o inventariado por meio do relatório de diferenças de inventário. A finalidade do relatório de diferenças de inventário é permitir uma análise das diferenças ocorridas entre o estoque teórico das FE e o estoque levantado por meio do inventário. Geralmente, o relatório das diferenças de inventário possui a composição apresentada no Quadro 7.4.

Quadro 7.4 Relatório das diferenças de inventário

Código	Descrição	Valor unitário	Estoque FE	Estoque inventário	Diferença	Observações

Coordenador do inventário	Conferido por:	Auditoria interna:	Aprovado por:

Tendo em vista os enormes investimentos em materiais e mercadorias armazenados, torna-se vital uma cuidadosa análise do armazenamento, das técnicas e tipos de estocagem, como acabamos de verificar.

> Aumente seus conhecimentos sobre **Após o inventário** na seção *Saiba mais GM 7.5*

QUESTÕES PARA REVISÃO

1. Para que serve o armazenamento de materiais e de mercadorias?
2. Qual é a posição do Almoxarifado e do Depósito em relação ao processo produtivo da empresa?
3. Conceitue Almoxarifado.
4. Os materiais são armazenados exclusivamente no Almoxarifado?
5. O que é recepção de material?
6. Qual é o papel das RM?
7. Quais são as informações básicas de uma RM?
8. A RM serve apenas para retirar material do Almoxarifado? Quais são as outras funções da RM?
9. Conceitue depósito.
10. Defina arranjo físico.
11. Quais são os objetivos do arranjo físico?

12. Explique o que é leiaute.
13. Quais são os três principais tipos de leiaute?
14. Defina leiaute de processo.
15. Como se movimentam máquinas, pessoas e materiais no leiaute funcional?
16. Quais são as vantagens do leiaute funcional?
17. Quais são suas desvantagens?
18. Defina leiaute de produto.
19. Como se movimentam máquinas, pessoas e materiais no leiaute linear?
20. Quais são as vantagens do leiaute linear?
21. Quais são suas desvantagens?
22. Defina leiaute estacionário.
23. Como se movimentam máquinas, pessoas e materiais no leiaute de posição?
24. Quais são as vantagens do leiaute de posição?
25. Quais são suas desvantagens?
26. Quais são os três tipos de estocagem de materiais?
27. Defina estocagem de MP.
28. Defina estocagem de MP centralizada.
29. Quais são suas vantagens e desvantagens?
30. Defina estocagem de MP descentralizada.
31. Quais são suas vantagens e desvantagens?
32. Defina estocagem intermediária.
33. Defina estocagem intermediária centralizada.
34. Quais são suas vantagens e desvantagens?
35. Defina estocagem intermediária descentralizada.
36. Quais são suas vantagens e desvantagens?
37. Defina estocagem de PA.
38. Quais são os fatores que determinam a escolha do sistema de estocagem de materiais?
39. Quais são as principais técnicas de estocagem?
40. Defina carga unitária.
41. Qual é o dispositivo que permite a adoção da carga unitária?
42. Defina *pallet*.
43. Como pode ser classificado o *pallet*?
44. Descreva *pallet* de duas entradas.
45. Descreva *pallet* de quatro entradas.
46. Descreva *pallet* de uma face.
47. Descreva *pallet* de duas faces.
48. O que é um *pallet* de duas vidas?

49. Quais são as vantagens da paletização?
50. Defina caixas ou gavetas.
51. Como podem ser as caixas ou gavetas?
52. Defina prateleiras.
53. Para que servem as prateleiras?
54. Defina raques.
55. Defina empilhamento.
56. Defina *container* flexível.
57. Quais são as possibilidades de associação de várias técnicas de estocagem?
58. Para que serve a codificação de materiais?
59. Defina classificação de materiais.
60. Defina catalogação de materiais.
61. Defina simplificação.
62. Defina especificação.
63. Defina normalização.
64. Defina padronização.
65. Defina codificação.
66. Defina codificação pelo sistema alfabético.
67. Defina codificação pelo sistema alfanumérico.
68. Defina codificação pelo sistema decimal.
69. Explique o sistema numérico, com a primeira, a segunda e a terceira dezenas de codificação.
70. Defina inventário físico.
71. Quando é efetuado o inventário físico?
72. Qual é a importância do inventário físico?
73. Qual é a necessidade do inventário físico?
74. Quais são os tipos de inventários?
75. Defina inventários gerais.
76. Defina inventários rotativos.
77. Explique o planejamento do inventário.
78. O que é reconciliação?

8 MOVIMENTAÇÃO DE MATERIAIS E LOGÍSTICA

> **O QUE VEREMOS ADIANTE**
>
> - Conceito de movimentação de materiais.
> - Equipamentos de movimentação de materiais.
> - Custos da movimentação de materiais.
> - Conceito de transportes.
> - Distribuição física.
> - Gestão da cadeia de abastecimento.
> - Logística.
> - Tecnologias utilizadas pela Gestão de Materiais (GM).
> - Avaliação e controle do desempenho.

Em toda empresa, há um fluxo incessante de materiais. Eles percorrem todas as seções produtivas ao longo do processo de produção e todas as áreas da empresa, da mesma forma como o sangue percorre o organismo humano para alimentar as células dos órgãos e dos tecidos e abastecer suas necessidades energéticas. Principalmente no processo produtivo de bens ou serviços, há uma incessante movimentação de materiais.

INTRODUÇÃO

Em uma operação eficiente e eficaz, o material deve fluir ininterruptamente por meio do processo produtivo. Em suma, o material deve apenas parar para receber ações de acréscimo de valor. Caso contrário, a empresa estará perdendo tempo e dinheiro. Seja matéria-prima (MP), componente, papel, informação ou qualquer outra coisa, o conceito de material será sempre o mesmo. As empresas baseadas em tempo consideram tudo aquilo que interrompe o fluxo de materiais como um problema a ser estudado e eliminado, se possível. Esse problema pode incluir paradas de máquinas, espera de materiais, documentos parados aguardando assinaturas ou aprovação, lotes aguardando inspeção ou direcionamento. Muitas atividades consideradas problemáticas sob essa definição são tradicionalmente tratadas como um procedimento operacional normal e simplesmente aceitas como dadas pela organização.[1] Na verdade, elas necessitam de melhorias ou de soluções que não chegam.

Aliás, na maior parte dos sistemas de produção, o material é o elemento que mais se movimenta. Dependendo do tipo de empresa, dos produtos produzidos ou serviços oferecidos e dos sistemas de produção utilizados, a movimentação de materiais pode atingir cerca de 15% a 70% do custo total da produção. É muito dinheiro fluindo pela empresa. Daí a enorme importância de seu estudo.

> Aumente seus conhecimentos sobre **O papel da movimentação de materiais** na seção *Saiba mais* GM 8.1

8.1 CONCEITO DE MOVIMENTAÇÃO DE MATERIAIS

A movimentação de materiais não deve ser estudada como um tópico separado e independente, mas como uma parte integrante da Administração de Materiais (AM). O estudo da movimentação de materiais deve levar em consideração todas as características do processo produtivo, já que é parte inerente e inseparável dele.

Dá-se o nome de movimentação de materiais a todo o fluxo de materiais dentro da empresa. A movimentação de materiais é uma atividade indispensável a qualquer sistema de produção e visa não somente ao abastecimento das seções produtivas, mas também à garantia da sequência do próprio processo de produção entre as diversas seções envolvidas. A movimentação de materiais pode ser horizontal ou vertical. É horizontal quando se dá dentro de um espaço plano e em um mesmo nível. E é vertical quando a empresa utiliza edifício de vários andares ou níveis de altura.

8.1.1 Finalidades da movimentação de materiais

A movimentação de materiais tem sido indevidamente encarada como uma atividade improdutiva, que gera uma enorme perda de tempo e de dinheiro. Contudo, ultimamente ela tem sido objeto de grandes investimentos por parte das empresas, como uma forma de obter retornos garantidos. Na realidade, quando bem administrada, a movimentação de materiais pode trazer grandes economias para a empresa e um excelente resultado para a produção.

As principais finalidades da movimentação de materiais são três:

1. **Aumentar a capacidade produtiva da empresa**: a movimentação eficiente de materiais permite utilizar plenamente a capacidade produtiva da empresa e, em alguns casos, até aumentá-la. O aumento da capacidade produtiva da empresa pode ser conseguido por meio de:
   a. **Redução do tempo de fabricação**.
   b. **Incremento da produção**: por meio da intensificação do abastecimento de materiais às seções produtivas.
   c. **Utilização racional da capacidade de armazenagem**: utilizando plenamente o espaço disponível e aumentando a área útil da fábrica.

2. **Melhorar as condições de trabalho**: a movimentação de materiais contribui enormemente para a melhoria das condições de trabalho das pessoas, proporcionando:

   a. **Maior segurança e redução de acidentes**: durante as operações com materiais, já que a produção normalmente envolve o manuseio e o processamento de materiais. O tráfego de materiais no processo produtivo responde por boa parte dos acidentes de trabalho. Daí a necessidade de torná-lo o mais seguro possível.

   b. **Redução da fadiga**: nas operações com materiais e maior conforto para o pessoal. O manuseio de materiais consome energia e esforço das pessoas, contribuindo para o aumento do cansaço e da fadiga.

   c. **Aumento da produtividade da mão de obra**: o trabalho humano se torna mais produtivo quando os materiais chegam às mãos de maneira eficiente e eficaz, economizando tempo e esforço das pessoas.

3. **Reduzir os custos de produção**: a movimentação de materiais permite reduzir os custos de produção por meio de:

   a. **Redução da mão de obra braçal**: pela utilização de equipamentos de manuseio e transporte de material automatizados e adequados, com a diminuição dos transportes manuais.

   b. **Redução dos custos de materiais**: por meio do acondicionamento e do transporte para diminuir perdas, estragos ou danos nos materiais.

   c. **Redução de custos em despesas gerais**: por meio de menores despesas de transporte e menores níveis de estoque de materiais em trânsito.

Aumento da capacidade produtiva	→	• Redução do tempo de produção • Maior produção • Utilização racional do trabalho
Melhoria das condições de trabalho	→	• Maior segurança e redução de acidentes • Redução de fadiga e maior conforto • Aumento da produtividade do pessoal
Redução dos custos de produção	→	• Redução da mão de obra braçal • Redução de custos de materiais • Redução de custos nas despesas gerais

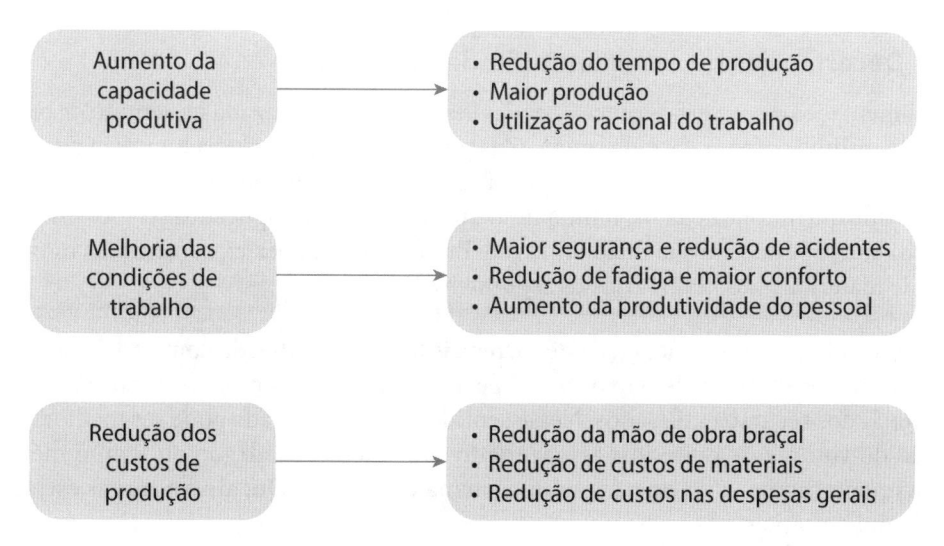

Figura 8.1 Finalidades da movimentação de materiais.

8.1.2 Princípios básicos para a movimentação de materiais

Para atingir um adequado sistema de transportes internos que seja eficiente e que funcione dentro de custos minimizados, torna-se imprescindível a adoção de certos princípios básicos, que nada mais são do que variações dos princípios de economia de movimentos. Os princípios básicos para a movimentação de materiais são os seguintes:

- Obedecer ao fluxo do processo produtivo e utilizar meios de movimentação que facilitem esse fluxo.
- Eliminar distâncias e eliminar ou reduzir todos os transportes entre as operações.
- Usar a força da gravidade sempre que possível.
- Minimizar a manipulação, preferindo meios mecânicos aos meios manuais.
- Considerar sempre a segurança do pessoal envolvido nas operações.
- Utilizar cargas unitárias sempre que possível.
- Procurar a utilização máxima do equipamento, evitando o transporte vazio, isto é, utilizar sempre o transporte nos dois sentidos de ida e volta.
- Prever sempre um sistema alternativo de transporte para uso em caso de falha do sistema principal ou atendimento a imprevistos. Um plano B é indispensável.

> Aumente seus conhecimentos sobre **Política de Suprimentos** na seção *Saiba mais GM 8.2*

8.1.3 Decorrências da movimentação de materiais

A movimentação de materiais precisa ser devidamente racionalizada no sentido de buscar o melhor caminho entre as entradas e as saídas para assegurar eficiência e eficácia no sistema. Como todo transporte nem sempre significa agregação de valor ao sistema produtivo e uma necessidade que implica custos, tempo despendido e recursos aplicados na movimentação, todo cuidado é pouco em sua racionalização. Em função do aperfeiçoamento da movimentação de materiais, são necessários os seguintes cuidados:[2]

- **Produtividade**: a movimentação de materiais tem sido utilizada como ferramenta para melhorar a produtividade. Em outros aspectos, redução do tempo necessário e aplicação racional dos recursos utilizados. Nesse sentido, a produtividade pode ser melhorada por meio do volume de materiais armazenados por metro quadrado ou tempo médio de movimentação nas diversas etapas do sistema produtivo. Ou, ainda, cargas estragadas por total de cargas.

- **Leiaute**: (do inglês, *layout* = plano, esquema) é a configuração de instalações, locais de armazenamento transitório ou definitivo, corredores, plataformas e tudo o que seja espaço necessário para a movimentação de MP, materiais em processamento ou produtos acabados (PA).
- **Equipamentos de movimentação**: que veremos adiante.

Em suma, a movimentação de materiais deve representar o menor valor possível dos custos de produção. Provavelmente, esse é o melhor indicador e a melhor métrica para se avaliar a eficiência de um sistema de movimentação de materiais de uma empresa.

8.2 EQUIPAMENTOS DE MOVIMENTAÇÃO DE MATERIAIS

Existe uma parafernália de esquemas e equipamentos de movimentação de materiais no mercado. A definição dos esquemas e dos equipamentos deve ser analisada juntamente com o arranjo físico, levando em consideração os seguintes aspectos principais:

- **O produto/serviço (P/S) produzido pela empresa**: suas dimensões, peso, características, volume a ser movimentado, alternativas de alterações etc.
- **O tipo de edificação e suas características**: como espaço, dimensão das áreas e corredores, tamanho das portas, resistência do piso, leiaute, possibilidades de alterações etc.
- **O processo produtivo utilizado**: como sistema de produção, sequência das operações, tecnologia utilizada, máquinas e equipamentos de produção, métodos de trabalho, possibilidades de alterações etc.
- **As necessidades de movimentação de materiais**: em função dos métodos de trabalho, de abastecimento de materiais, de armazenamento deles etc.

Os principais tipos de equipamentos de movimentação de materiais são:

1. Veículos industriais.
2. Transportadores contínuos.
3. Guindastes, talhas e elevadores.
4. *Containers* e estruturas de suporte.
5. Equipamentos diversos e plataformas.

Vejamos rapidamente cada um desses tipos de equipamentos.

8.2.1 Veículos industriais

São os equipamentos indicados para a movimentação de materiais entre pontos sem limites fixos ou predefinidos, isto é, movimentação de materiais em uma trajetória variável e em áreas diversas. São os equipamentos mais versáteis e que não têm limites fixos de movimentação.

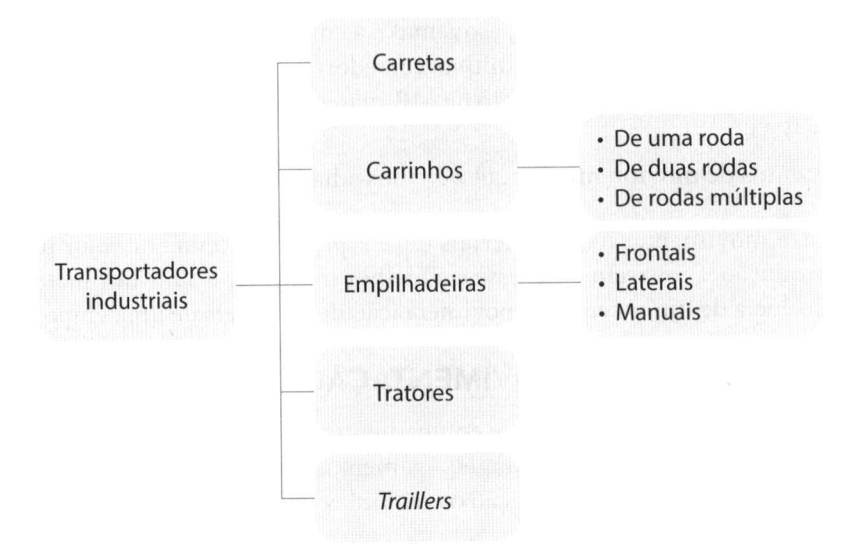

```
Transportadores     ┌── Carretas
industriais         │
                    ├── Carrinhos ──── • De uma roda
                    │                  • De duas rodas
                    │                  • De rodas múltiplas
                    │
                    ├── Empilhadeiras ── • Frontais
                    │                    • Laterais
                    │                    • Manuais
                    │
                    ├── Tratores
                    │
                    └── Traillers
```

Figura 8.2 Veículos industriais como equipamentos de movimentação de materiais.

8.2.2 Transportadores contínuos

São utilizados para os casos de movimentação constante e ininterrupta de materiais entre dois pontos predeterminados. É o caso de mineração, terminais de carga e descarga, armazéns de granéis, terminais de recepção e expedição de mercadorias etc. Sua maior aplicação na indústria é a linha de montagem na produção em série. No sistema de produção contínua – como nas fábricas de refrigerantes, cervejas, óleos alimentícios etc. –, os transportadores contínuos são controlados e integrados por equipamentos eletrônicos, com paradas em pontos determinados.

```
Transportadores  ──→  • Correias transportadoras
contínuos              • Esteiras transportadoras
                       • Roletes transportadores
                       • Transportadores de fita metálica
                       • Transportadores de roscas
                       • Transportadores magnéticos
                       • Transportadores vibratórios
                       • Transportadores pneumáticos
```

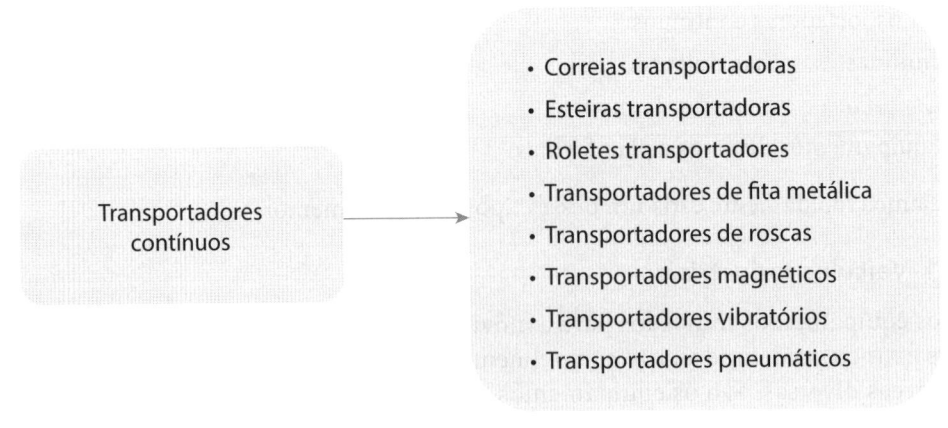

Figura 8.3 Transportadores contínuos como equipamentos de movimentação de materiais.

8.2.3 Guindastes, talhas e elevadores

Nessa categoria de equipamentos de movimentação de materiais, estão agrupados todos os equipamentos de manuseio específicos para áreas restritas e limitadas, em que as cargas são movimentadas de maneira constante e ininterrupta. Quase sempre, esses equipamentos servem para o transporte e a elevação de cargas. São muito utilizados em áreas de armazenamento de ferro para construção, nas linhas de produção da construção pesada, na recepção e expedição de cargas de grandes proporções e peso, nas indústrias metalúrgicas e siderúrgicas, nos portos etc.

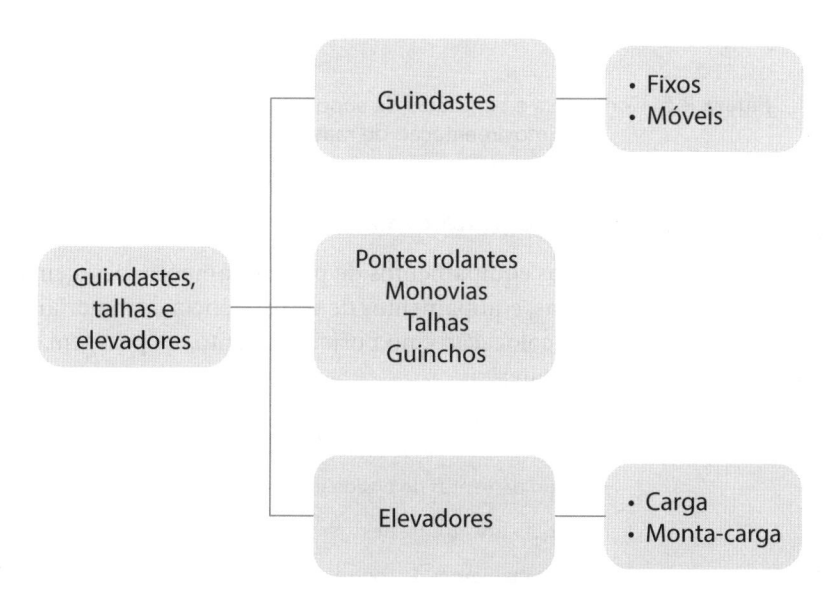

Figura 8.4 Guindastes, talhas e elevadores como equipamentos de movimentação de materiais.

8.2.4 *Containers* e estruturas de suporte

Fazem parte desta categoria *containers* (cofres), tanques, vasos, suportes e plataformas, estrados, *pallets*, suportes para bobinas, equipamentos auxiliares para embalagem etc. Não têm mobilidade própria e dependem de outros equipamentos para serem tracionados ou deslocados. Nesse sentido, são equipamentos auxiliares ou de suporte na movimentação de materiais. Não movimentam materiais, mas servem como suporte para que outros equipamentos de movimentação possam movimentar e transportar.

```
Containers e          Containers (cofres)
estruturas de         Tanques
suporte        →      Vasos
                      Suportes
                      Plataformas
                      Estrados
                      Pallets
                      Equipamentos auxilixares para embalagem
```

Figura 8.5 *Containers* e estruturas de suporte como equipamentos de movimentação de materiais.

8.2.5 Equipamentos diversos e plataformas

Nesta categoria, estão incluídos os equipamentos de posicionamento, pesagem e controle, plataformas fixas e móveis, rampas, equipamentos de transferência de materiais etc. Quase sempre, sua função é auxiliar na colocação e no posicionamento, na pesagem, no controle e na pequena movimentação de materiais.

```
Equipamentos         Equipamentos de posionamento
diversos e           Equipamentos de pesagem
plataformas    →     Equipamentos de controle      →    Fixos
                     Plataformas                        Móveis
                     Rampas
                     Equipamentos de transferência
                     de materiais
```

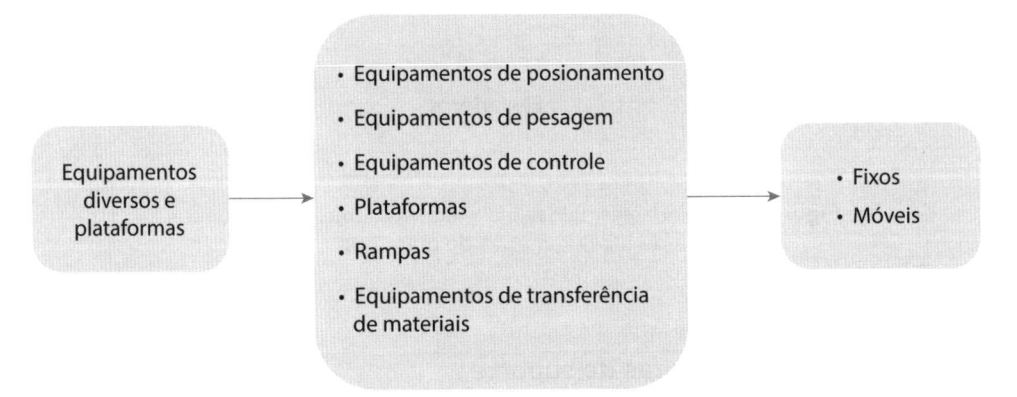

Figura 8.6 Equipamentos diversos e plataformas como equipamentos de movimentação de materiais.

> Reflita sobre **Qual é o investimento em sistemas de movimentação de materiais** na seção *Para reflexão* GM 8.1

8.3 CUSTOS DA MOVIMENTAÇÃO DE MATERIAIS

Os custos de movimentação de materiais constituem, geralmente, uma parcela significativa do custo total de fabricação. Isso significa que os custos da movimentação de materiais influenciam o custo final do produto ou serviço sem contribuir em nada para sua melhoria. Tanto o armazenamento de materiais quanto seu transporte não agregam valor ao produto ou serviço. São males necessários. Daí a necessidade de se tentar constantemente baratear o custo do produto ou serviço por meio de uma seleção rigorosa dos meios adequados ao sistema de produção utilizado pela empresa. Se a movimentação fosse tratada como um problema separado dos demais, poder-se-ia concluir que a simples redução ou eliminação dos trajetos percorridos pelo material em suas etapas do processo produtivo seria a melhor solução. Contudo, essa solução simplista poderia trazer ociosidade de pessoal e equipamentos em diversos locais, anulando o objetivo e aumentando os custos de produção.[3]

Os custos de movimentação de materiais são os seguintes:

- **Equipamentos utilizados**: ou seja, capital empatado nos equipamentos e sua amortização.
- **Combustível utilizado**: ou seja, despesas efetuadas com combustível ou energia para alimentar os equipamentos de movimentação.
- **Pessoal para operação dos equipamentos**: motoristas de tratores ou de empilhadeiras, operadores de guindastes ou de elevadores, bem como o pessoal auxiliar, como ajudantes etc.
- **Manutenção do equipamento**: ou seja, despesas de manutenção e oficina de consertos, peças e componentes de reposição, bem como o pessoal da oficina mecânica – mecânicos, lubrificantes etc.
- **Perdas de material**: decorrentes do manuseio, dos acidentes na movimentação, das quebras, dos estragos em embalagens etc.

A soma de todos os custos anteriores compõe o custo de movimentação de materiais. Esse custo deverá ser agregado ao custo do produto ou serviço. Daí a necessidade constante de racionalizar e minimizar o custo da movimentação de materiais.

TENDÊNCIAS EM GM

Imprevistos, antecipações, atrasos

Quanto custa uma urgência? Ou, melhor perguntando: quanto custa antecipar determinado volume de produção quando não há estoque de materiais suficiente para realizá-lo? Isso também requer uma cuidadosa análise de custos e benefícios envolvidos. O que se ganha e o que se perde antecipando compras e suprimentos não previstos antecipadamente?

Em qualquer atividade, os indivíduos estão sujeitos ao risco do imprevisto, que pode demandar ações emergenciais e, quando ocorre, o impacto pode ser relevante, seja ele financeiro ou não. As empresas não ficam de fora dessa variável que, quando acontece, pode gerar a necessidade da antecipação de um pedido ou até mesmo atrasar outro. O imprevisto é sinônimo de inesperado. Mas como mitigar os imprevistos? Se era algo não esperado, talvez pudesse ter sido evitado, pois, dependendo da ocorrência, um planejamento bem elaborado poderia ter considerado o que era previsível em algo que se transformou imprevisto. É importante ter ciência de que o planejamento é um tema central quando se procura fazer a gestão de suprimentos e operações. Geralmente, a tomada de decisão demanda determinado tempo para que seu efeito possa aparecer, por exemplo, a compra de MP decorrente de alteração do fluxo produtivo e das demandas; a contratação de pessoas para compor novas necessidades produtivas etc. Para evitar alguns imprevistos que poderiam ser mais "previsíveis", é necessário que, por meio de técnicas e análises, se tenha uma "visão" de futuro para que as decisões tomadas no presente possam refletir no tempo adequado. Em um mundo competitivo e de mudanças constantes, esse é um grande desafio para as empresas, mas que deve ser exercitado, a fim de mitigar os custos inerentes dos imprevistos.

8.4 CONCEITO DE TRANSPORTE

A movimentação de materiais é geralmente um fenômeno interno às empresas e que ocorre dentro de seu processo produtivo. No entanto, quando o PA chega ao depósito, cessa a movimentação de materiais. A partir daí, tem-se o transporte externo do PA do depósito até o cliente ou instalações do distribuidor ou comprador. Para envolver o transporte externo, abordaremos o transporte e a distribuição.

Transporte significa a movimentação de alguma coisa de um lugar para outro. Neste capítulo, transporte representa todos os meios pelos quais os PA chegam às mãos do cliente ou da empresa intermediária que os venderá ao consumidor final. Assim, o conceito de transporte para nosso propósito se refere exclusivamente às cargas de PA que saem do depósito com destino ao mercado.

Existem várias modalidades de transporte de carga:

- Transporte rodoviário.
- Transporte ferroviário.
- Transporte hidroviário e marítimo.
- Transporte aeroviário.
- Transporte intermodal.

Vejamos cada uma dessas modalidades de transporte de carga, ou seja, de PA.

8.4.1 Transporte rodoviário

É o transporte de cargas que utiliza as estradas e as rodovias para levar os PA do depósito da empresa até o cliente ou até as instalações da empresa que os comprou para vendê-los no mercado. É o tipo de transporte mais utilizado no Brasil, pois 76,4% das cargas do país são transportadas por rodovias, ficando 14,2% para as ferrovias, 9,3% para a cabotagem e apenas 0,1% para o transporte aéreo.

O transporte rodoviário de cargas é o mais flexível, pois o caminhão ou a carreta pode entrar ou sair do depósito da empresa e chegar até o cliente diretamente. É o que se costuma chamar de transporte porta a porta. Contudo, seus custos operacionais são elevados, pois cada caminhão ou carreta leva uma quantidade limitada de carga e requer um motorista e, muitas vezes, um ajudante adicional. Além disso, dependem de estradas razoáveis, congestionamentos, pagamento de pedágios, combustível, riscos de assaltos ou roubos etc.

O transporte rodoviário é destinado a volumes menores, distâncias menores ou cargas com prazos de entrega relativamente curtos.

8.4.2 Transporte ferroviário

É o transporte que utiliza a malha ferroviária existente no país. A tração pode ser elétrica, a diesel ou a vapor. Os vagões podem ter várias estruturas ou conformações para abrigar diferentes tipos de cargas sólidas, a granel ou líquidas. O comboio pode transportar vários vagões, reduzindo o custo do transporte e tornando o frete mais barato. A velocidade do trem é relativamente homogênea, pois não há em seu percurso cruzamentos, semáforos, congestionamentos etc. Contudo, seu traçado é prefixado e limitado, não permitindo a flexibilidade das rodovias. Há que se entregar a carga e retirá-la no terminal ferroviário, o que provoca certas dificuldades.

O transporte ferroviário é destinado às cargas de maior volume e grande peso, mas cujo prazo de entrega não seja fator preponderante. É o caso das siderúrgicas, das indústrias petroquímicas e de cimento, que requerem terminais ferroviários em seus próprios pátios para a expedição dos PA.

8.4.3 Transporte hidroviário e marítimo

É o transporte efetuado por meio de navios, barcos, barcaças etc. A navegação pode ser fluvial ou marítima. A primeira serve para o transporte nacional e de médio alcance, e a segunda, para o transporte de cabotagem ou para o transporte internacional. O transporte de cabotagem é feito entre os portos nacionais, enquanto o transporte internacional serve para a importação e a exportação.

O transporte hidroviário e marítimo serve para cargas de grandes volumes, de baixíssimo custo unitário, cujo fator tempo seja secundário. É um dos meios de transporte mais baratos, mas depende do custo e do serviço prestado nos portos, nos cais e nas abordagens.

8.4.4 Transporte aeroviário

O transporte aéreo é destinado a pequenos volumes, de baixo peso, mas de alta sofisticação e de preço elevado, em que o fator tempo de entrega seja imperioso. É o meio de transporte mais caro, mais rápido e indicado para cargas nobres ou para cidades longínquas, em que o acesso rodoviário ou ferroviário seja difícil.

8.4.5 Transporte intermodal

Dá-se o nome de transporte intermodal ao transporte que requer tráfego misto, envolvendo várias modalidades de transporte. No transporte intermodal, parte do percurso pode ser feita por um meio e parte por outro. Uma parte, por exemplo, pode utilizar rodovias, enquanto outra deve ser feita por meio de transporte ferroviário ou marítimo. Muitas vezes, o transporte intermodal constitui a solução ideal para atingir determinados locais de difícil acesso ou de extrema distância. As empresas siderúrgicas utilizam o transporte ferroviário para levar seus PA até os portos e, em seguida, o transporte marítimo para levá-los até outros países. A importação de petróleo é feita por meio de navios, que descarregam o produto em terminais petrolíferos ligados a dutos, os quais transferem o produto diretamente para as refinarias. Das refinarias, a gasolina, um dos derivados de petróleo, é transferida para vagões-tanques que a conduzem para reservatórios de grande porte, onde fica estocada temporariamente. A partir daí, a gasolina é transferida para caminhões que a distribuem entre os postos de gasolina espalhados pela região. O transporte intermodal é utilizado quando os caminhões que levam as cargas precisam fazer parte de seu percurso por meio de barcaças pela rede fluvial na área amazônica.

8.4.6 Escolha das modalidades de transporte

A escolha de cada modalidade de transporte depende de dois fatores principais:

1. A diferença entre o preço de venda do produto no centro de produção e o preço de venda no local de consumo. Trata-se de um fator conhecido.
2. O custo do transporte entre o centro de produção e o local de consumo. Trata-se de um fator que precisa ser calculado e que depende de dois aspectos:
   a. **Características da carga a ser transportada**: como tamanho, peso, valor unitário, tipo de manuseio, condições de segurança, tipo de embalagem, distância a ser transportada, prazo de entrega etc.
   b. **Características das modalidades de transportes**: condições da infraestrutura (rodovias, ferrovias, hidrovias, portos, aeroportos etc.), condições de operação, tempo de viagem, custo e frete, mão de obra envolvida etc.

Na escolha da modalidade de transporte, ingressam também quatro fatores subsidiários:

1. **Fator tempo**: cada modalidade de transporte apresenta uma velocidade comercial diferente em função de suas próprias características, exigindo, muitas vezes, esperas em interconexões, transbordos em terminais, congestionamentos, condições climáticas etc.
2. **Fator financeiro**: cada modalidade tem seu frete, os custos de manuseio e as perdas do material. O fator financeiro varia conforme o valor monetário da mercadoria.
3. **Fator manuseio**: cada modalidade exige determinadas operações de carga e descarga nos pontos de expedição, transbordo e recepção. A embalagem da mercadoria deve proteger o produto, facilitar o manuseio, reduzir perdas e baratear os custos.
4. **Fator rotas de viagens**: cada modalidade exige maior ou menor número de viagens para transportar uma mesma mercadoria. A empresa pode adotar o transporte intermodal sempre que os custos de transporte possam ser racionalizados. O transporte intermodal quase sempre envolve paradas, transbordos, manuseio, custos etc.

Um aspecto importante a considerar é que a empresa pode tanto adotar uma frota própria de veículos para transportar seus PA quanto pode contratar transportadoras especializadas para esse tipo de operação. Na prática, sempre que se tiver mais de 60% de utilização efetiva da capacidade operacional do equipamento, é conveniente utilizar frota própria para o transporte. Todavia, cada caso exige uma análise acurada dos custos e dos benefícios envolvidos em cada decisão.

Quadro 8.1 Características da frota própria e da frota terceirizada

Frota própria	Terceirização do transporte
Envolve investimentos em veículos.	Não exige aquisição de veículos.
Requer motoristas com salários, pagamento de encargos sociais e benefícios.	Dispensa contratação de motoristas, de salários, encargos sociais e benefícios.
Exige manutenção da frota.	Não requer manutenção da frota.
Requer planejamento do tráfego.	Não requer planejamento do tráfego.
Permite o controle absoluto da frota.	A empresa perde o controle da frota.
O desafio é da empresa.	O desafio fica com a empresa terceirizada.
Divide decisões da empresa.	A empresa se livra do problema de transporte.
Envolve custos trabalhistas.	Envolve um custo contratado e programado.

Aumente seus conhecimentos sobre **Logística de entrada e logística de saída** na seção *Saiba mais GM* 8.3

8.5 DISTRIBUIÇÃO FÍSICA

Quando o mercado é vasto e abrangente, utiliza-se o termo **distribuição** para significar os meios pelos quais a empresa efetua as entregas de seus PA a fim de suprir o mercado consumidor.

A palavra **distribuição** pode ser utilizada com diferentes significados. Para a Teoria Econômica, distribuição significa o processo de divisão do produto de toda a atividade econômica entre os diversos fatores de produção, como a natureza, o capital e o trabalho. Para a Administração Mercadológica, distribuição é a movimentação e a manipulação dos P/S desde a fonte de produção até o ponto de consumo. É também denominada distribuição física, por envolver o fluxo dos P/S do produtor até o consumidor final. A palavra **distribuição física** é, geralmente, utilizada como sinônimo de movimentação física (transporte) dos produtos até o consumidor.

Por meio da distribuição, efetua-se a transferência dos P/S desde sua origem de produção até o lugar de uso e consumo, com ou sem a presença de intermediários. Nesse sentido, a distribuição pode ser feita por meio da venda direta ou da venda indireta. Vejamos as diferenças entre esses dois sistemas de distribuição.

1. **Venda direta**: é a distribuição que não utiliza nenhum intermediário. A própria empresa efetua a venda diretamente ao consumidor final por meio de seus órgãos, como departamentos, filiais, agências, sucursais, representantes próprios etc.
2. **Venda indireta**: é a distribuição na qual o P/S passa por vários intermediários até chegar ao consumidor final. Os intermediários formam os canais de distribuição.

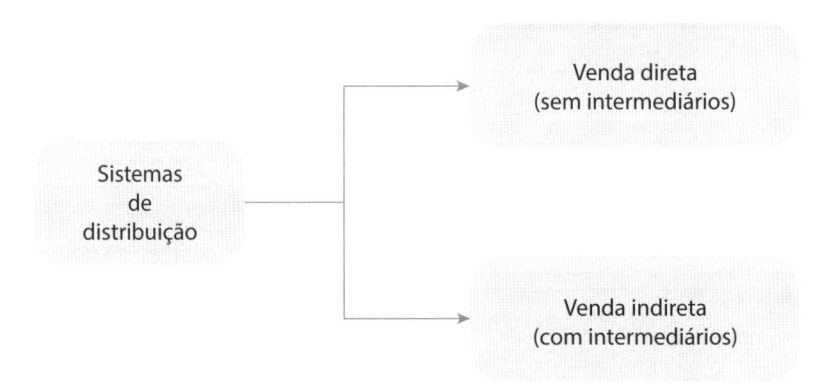

Figura 8.7 Os dois sistemas de distribuição.

Toda distribuição envolve um sistema complexo de atividades, isto é, um conjunto ou combinação de atividades, formas de venda, intermediários e meios de entrega que constituem um todo integrado e necessário para fazer com que o P/S da empresa chegue até o consumidor final ou consumidor industrial.

- **Consumidor final**: é aquele que compra ou utiliza os P/S para satisfazer desejos pessoais, necessidades domésticas, e não para revenda ou utilização em estabelecimentos industriais ou comerciais.

- **Consumidor industrial**: uma empresa que compra e utiliza P/S para produzir outros bens ou serviços; ou um consumidor comercial, uma empresa que compra e vende produtos ou serviços como intermediário de negócios.

Em muitos casos, o sistema de distribuição requer a presença de canais de distribuição. Canal de distribuição é a empresa ou o intermediário que adquire a propriedade dos P/S com a finalidade de revendê-los ao consumidor final ou a outro comerciante intermediário, assumindo o risco da compra e da venda. Daí a diferença entre sistema de distribuição – como é organizada a distribuição até o consumidor final – e canal de distribuição – o intermediário que conduz o P/S até o consumidor final.

Os canais de distribuição fazem com que os P/S escoem do produtor até chegar às mãos do cliente ou consumidor final. Principalmente nas empresas que cobrem extensa área territorial, os canais de distribuição são importantes artérias que levam os P/S a diferentes e longínquos lugares, no tempo e na quantidade exigidos, à disposição do consumidor final.

Os sistemas de distribuição podem, portanto, ser constituídos de órgãos da própria empresa ou por intermediários.

- **Intermediário**: é um tipo de negociante que se especializa em comprar e vender produtos ou serviços. Existem dois tipos de intermediários: o intermediário agente e o intermediário comerciante.

1. **Intermediário agente**: é aquele que negocia compras e/ou vendas de mercadorias, mas sem adquirir a propriedade delas. Sua remuneração é feita por meio de comissões ou de taxas preestabelecidas com o produtor. Quase sempre, é um agente terceirizado, como o corretor de imóveis e de seguros, o agente de fabricante ou o agente vendedor ou representante, que são remunerados pelo produtor etc.

2. **Intermediário comerciante**: é aquele que adquire a propriedade das mercadorias, que armazena e vende. Compra e adquire a propriedade dos produtos com que negocia e assume todos os riscos dos negócios. É o caso dos atacadistas e varejistas, que são os principais intermediários comerciantes. Em geral, são empresas coligadas ou não ao produtor.

    - **Varejista**: é o intermediário comerciante ou estabelecimento comercial que vende principalmente para o consumidor final. Sua venda típica é efetuada ao consumidor final. O varejo envolve todas as atividades de venda ao consumidor final. É o caso dos supermercados, das agências de automóveis, das lojas e do comércio em geral.

    - **Atacadista**: é o intermediário comerciante que vende para varejistas e outros comerciantes, consumidores industriais e comerciais. O atacadista é conhecido também pelo nome de distribuidor ou fornecedor, quando negocia com MP, materiais semiacabados, componentes, ferramentas e maquinaria em geral.

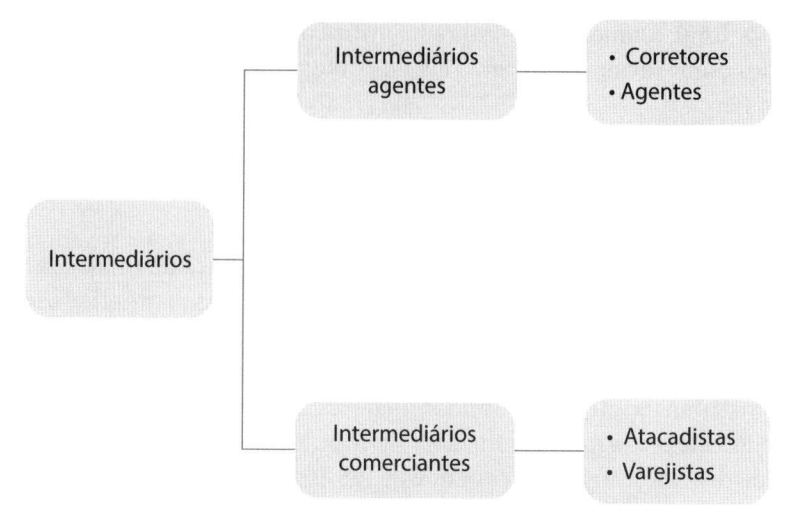

Figura 8.8 Intermediários nos sistemas de distribuição.

Os intermediários agentes não constituem canais de distribuição, apenas os intermediários comerciantes. Os varejistas e os atacadistas podem ser identificados como canais de distribuição porque adquirem a propriedade das mercadorias e assumem os riscos do negócio de compra e venda.

Existem três alternativas básicas para a distribuição, que seguem representadas na Figura 8.9.

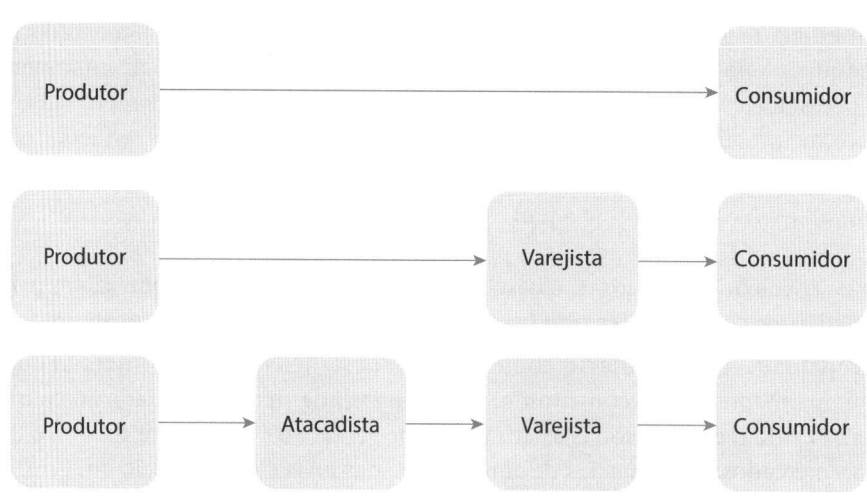

Figura 8.9 Alternativas básicas de canais de distribuição.

Vejamos cada uma dessas alternativas básicas de canais de distribuição.

8.5.1 Distribuição direta do produtor ao consumidor

Ocorre quando o produtor vende e entrega diretamente as mercadorias ao consumidor final. As vendas podem ser feitas por mala-direta (correspondência pelo correio), televendas (vendas por telefone), internet ou vendedores domiciliares (venda porta a porta) e lojas próprias.

```
                    ┌─────────────────┐
                    │ Meios           │
                    │ próprios:       │
                    │                 │
                    │ • Lojas próprias│
┌──────────┐        │ • Mala-direta   │        ┌──────────┐
│ Produtor │ ─────▶ │ • Televendas    │ ─────▶ │Consumidor│
└──────────┘        │ • Internet      │        │  final   │
                    │ • Vendedores    │        └──────────┘
                    │   domiciliares  │
                    │ • Vendedores de │
                    │   caminhão      │
                    └─────────────────┘
```

Figura 8.10 Os vários meios de distribuição direta.

Para vender diretamente ao mercado de consumidores finais, a empresa precisa fazer grandes investimentos em equipes de vendas, em escritórios e filiais de vendas, em lojas próprias, mala-direta, televendas, *sites* na internet, vendedores domiciliares, além de arcar com os estoques necessários para a comercialização.

8.5.2 Distribuição por meio de varejistas

É a alternativa escolhida por empresas que não pretendem fazer grandes investimentos em órgãos próprios de vendas para contato direto com os consumidores finais, principalmente quando o número destes é muito grande e sua abrangência territorial é enorme. Entre a empresa e os consumidores finais existem os intermediários varejistas. Essa é a opção da maioria dos fabricantes de eletrodomésticos, de produtos eletrônicos, de vestuário e moda, de produtos alimentícios etc. Os investimentos em estoques e os esquemas de comercialização passam a ser da alçada dos varejistas.

```
                    ┌──────────────────────┐
                    │ Meios                │
                    │ próprios:            │
                    │                      │
                    │ • Lojas              │
┌──────────┐        │ • Cadeias de lojas   │        ┌──────────┐
│ Produtor │ ─────▶ │ • Lojas de           │ ─────▶ │Consumidor│
└──────────┘        │   departamentos      │        │  final   │
                    │ • Supermercados      │        └──────────┘
                    │ • *Shopping centers* │
                    │ • etc.               │
                    └──────────────────────┘
```

Figura 8.11 Os vários meios de distribuição por meio de varejistas.

8.5.3 Distribuição por meio de atacadistas

É a alternativa escolhida por empresas que procuram se concentrar na produção, deixando a comercialização por conta dos intermediários atacadistas. Estes distribuem a centenas de varejistas, os quais, por sua vez, comercializam as mercadorias junto aos consumidores finais. O grosso do estoque fica nas mãos de atacadistas, que o pulveriza junto aos varejistas.

A distribuição física deve levar em consideração a alternativa escolhida pela empresa para distribuir seus produtos no mercado e servir como elemento facilitador desse fluxo.

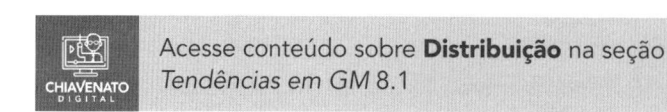

> Acesse conteúdo sobre **Distribuição** na seção *Tendências em GM 8.1*

8.6 GESTÃO DA CADEIA DE ABASTECIMENTO

Também denominada gestão da cadeia de suprimento (*supply chain management* - SCM), é um conceito de integração da empresa com todas as empresas da cadeia de suprimentos: fornecedores, clientes e provedores externos de meios logísticos que compartilham informações e planos necessários para tornar o canal de distribuição mais eficiente e competitivo. Tal compartilhamento é mais profundo, acurado e detalhado do que na tradicional e conflitante relação entre comprador e vendedor.[4] A cadeia de abastecimento envolve fornecedores, produtores, distribuidores, varejistas e clientes.

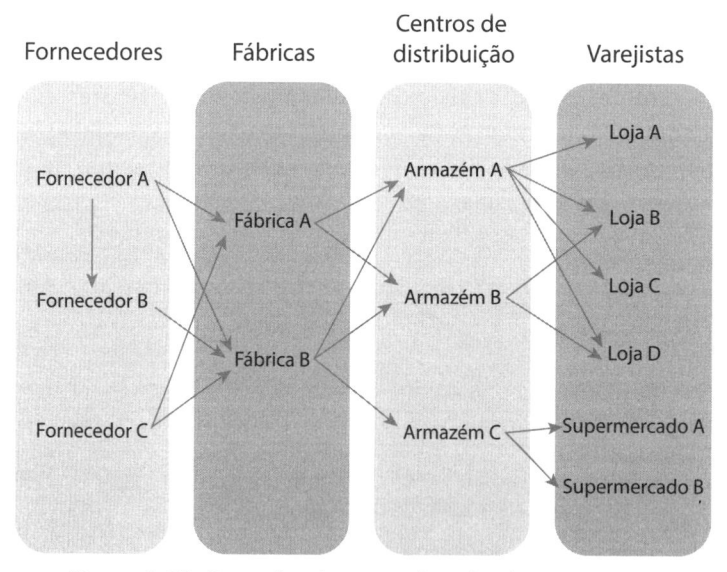

Figura 8.12 Como funciona a cadeia de abastecimento.

Dessa maneira, a gestão da cadeia de abastecimento precisa envolver práticas de gestão adequadas para que todas as empresas participantes da cadeia possam agregar valor ao cliente final, desde a fabricação de materiais e MP, passando pela produção de bens e serviços, distribuição e entrega final ao cliente ou consumidor.

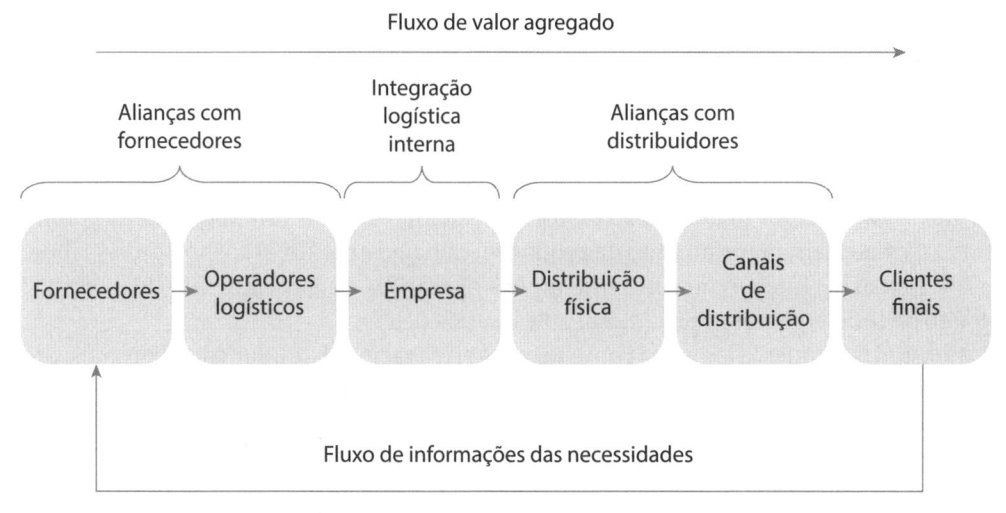

Figura 8.13 Exemplo de cadeia de abastecimento.[5]

Isso exige um elevado compromisso por parte dessa cadeia no sentido de que todas as empresas possam se comunicar entre si e colaborar intimamente para que, na ponta final, o cliente saia plenamente satisfeito. O sucesso está aí.

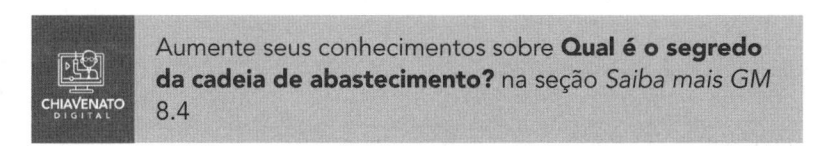

> Aumente seus conhecimentos sobre **Qual é o segredo da cadeia de abastecimento?** na seção *Saiba mais GM* 8.4

A gestão da cadeia de abastecimento se refere a planejamento, organização, direção e monitoração de todo o sistema de distribuição. Contudo, ela requer a presença da logística para poder funcionar. Enquanto a cadeia forma a estrutura básica, a logística entra com a dinâmica do processo desde a origem dos materiais e MP até a entrega ao cliente final.

8.7 LOGÍSTICA

Logística (do grego, *logos* = razão, racionalidade), palavra derivada do grego *logistiki* (contabilidade e organização financeira), mas originada do verbo francês *loger* (alojar ou acolher). O termo foi inicialmente utilizado para descrever a ciência da movimentação, suprimento e manutenção de forças militares no campo de batalha. Mais recentemente, foi utilizado para descrever a gestão do fluxo de materiais em uma empresa, desde a entrada de MP até a saída de PA.[6] A logística está ligada às definições de distribuição racional dos produtos e de utilização de cada modalidade de transporte a fim de aproveitar as vantagens de cada uma delas e integrar o processo produtivo com as fontes de suprimentos, de um lado, e com as modalidades de distribuição rumo aos clientes, de outro lado.

> Aumente seus conhecimentos sobre **Origem e conceitos de logística** na seção *Saiba mais GM 8.5*

A logística é a área responsável por prover recursos, equipamentos e informações no sentido de auxiliar na execuçao de todas as atividades operacionais da empresa. Deve partir de uma visão organizacional sistêmica e integrada em que haja movimentação de materiais para gerenciar recursos materiais do ponto de vista financeiro e humano, desde a compra e entrada de materiais, planejamento da produção, armazenamento, transporte e distribuição dos PA. Isso exige intenso monitoramento das operações e gerenciamento de informação ao longo de todo o processo produtivo, antes e após dele.

Como já vimos antes, a logística constitui a maneira racional de lidar com materiais, desde quando saem do fornecedor, ingressam na fábrica até quando elas se transformam em PA e chegam ao cliente final no momento certo e ao local certo, ao menor custo possível. Tudo, ou quase tudo, o que vimos neste capítulo trata de logística.

Modernamente, envolve também as finanças no fluxo entre os parceiros e procura incrementar esse fluxo por uma variedade de meios, como métodos, técnicas, modelos matemáticos, tecnologia da informação (TI) e *softwares*. O objetivo é atender às necessidades do cliente na ponta final de todo fluxo. Com as preocupações ambientais e sociais, a logística ampliou o fluxo de materiais, passando a envolver também o envio dos resíduos dos produtos entregues aos clientes para o reprocessamento por parte dos fabricantes e fornecedores. É a chamada logística inversa.[7]

Quadro 8.2 A função da logística na empresa industrial[8]

Produção	Interface Logística Produção	Logística	Interface Logística Marketing	Marketing
Planejamento da produção	Plano de produção	Gestão de estoques	Níveis de serviço	Promoção
Movimentação de materiais	Localização de instalações	Processamento e pedidos	Determinação de preços	Pesquisa de mercado
Manutenção dos equipamentos	Compras	Armazenagem e movimentação	Embalagem	Gerenciamento das equipes de vendas
Gestão da qualidade		Transporte do PA	Localização de facilidades	

No passado, a logística cuidava somente do transporte e da distribuição física. Atualmente, envolve métodos e modelos para localizar estruturas físicas – como fábricas, depósitos, armazéns, centros de distribuição –, bem como gestão de materiais e suprimentos, envolvendo também planejamento, programação e controle da produção, além das atividades tradicionais de distribuição. Daí a enorme importância do SCM – a gestão de toda a cadeia de suprimentos, desde os fornecedores até os consumidores finais.

Com todo esse envolvimento, a logística passou a ser uma atividade extremamente complexa a ponto de ser terceirizada em muitas empresas, permitindo o surgimento de um novo tipo de negócio: o operador logístico. Este nada mais é do que uma empresa especializada em prestação de serviços que envolvem todas ou partes das atividades logísticas nas várias fases da cadeia de suprimentos, com um sentido de agregar valor ao produto da empresa cliente.

> **SAIBA MAIS** Quanto a empresa gasta com logística?
>
> Deveria gastar o suficiente, mas não mais do que isso, e sempre agregar valor ao cliente. Uma pesquisa da Fundação Dom Cabral (FDC) sobre custos logísticos no Brasil, realizada com 126 empresas de vários setores que, juntas, representam 20% do Produto Interno Bruto (PIB) nacional, mostra que as empresas comprometem, em média, cerca de 13,1% de sua receita bruta com custos logísticos.
> Os setores que mais sofrem são as indústrias de bens de capital (22,69%), construção (20,88%) e mineração (14,63%). Segundo o estudo, o transporte de longa distância é o que mais pesa, participando em média com 38% do total do gasto logístico, seguido da armazenagem (18%), da distribuição urbana (16%) e dos custos portuários e aeroportuários (13%).
> A pesquisa revela ainda que, para 65% das empresas consultadas, a terceirização da frota e dos serviços logísticos para outros operadores é a ação mais importante e efetiva no contexto atual para reduzir tais custos.[9]

8.7.1 Decisões logísticas

Segundo Martins e Laugeni, as principais decisões estratégicas, táticas e operacionais do ponto de vista logístico são as seguintes:[10]

- **Decisões estratégicas:**
  - Quantidade e localização das facilidades.
  - Quantidade e função dos centros de distribuição, depósitos e armazéns.
  - Tipos de equipamentos de movimentação e de produção.
  - Determinação dos estoques, dos tipos e da localização na cadeia de suprimentos.
- **Decisões táticas:**
  - Meios de transporte.
  - Níveis de estoque.
  - Medidas de desempenho.
  - Roteiros e fluxos.
- **Decisões operacionais:**
  - Programas diários de produção.
  - Programas diários de embarque.
  - Roteiros e fluxos diários.
  - Alocações de pessoal.

Disso tudo, depreende-se que a logística é responsável pelo processo físico integrado do PA, vindo desde o aporte de insumos até a entrega deste ao cliente final, passando por todas as etapas do processo produtivo, armazenamento e distribuição do PA, influenciando as atividades dos fornecedores, em uma ponta, e dos setores de vendas e marketing, na outra ponta, no sentido de oferecer soluções adequadas para assegurar a disponibilidade do produto no ponto exato e no momento exato solicitado pelo cliente ou consumidor.

> **TENDÊNCIAS EM GM**
>
> **A logística atual**
>
> Martins e Laugeni lembram que a nova visão do negócio faz com que as empresas focalizem seu *core business*, ou seja, seu negócio principal. Como na empresa industrial o negócio principal é produzir os produtos – e não os distribuir –, as atividades logísticas tendem a ser transferidas para quem se especialize nelas e as faça melhor e mais barato. Assim, surge o operador logístico, que tem por objetivo único prover todas as atividades logísticas necessárias ao negócio do cliente. Em geral, o operador logístico é uma empresa de prestação de serviços especializada em gerenciar e executar todas ou parte das atividades logísticas nas várias fases da cadeia de abastecimento, agregando valor ao produto de seus clientes. É o caso da FedEx, que criou uma divisão especializada, a FedEx Supply Chain Solutions, para oferecer uma gama abrangente e integrada de soluções logísticas para as empresas clientes, envolvendo intensa utilização de tecnologias de *hardware* e *software*.[11]

Por outro lado, a logística envolve dois tipos de atividades:

1. **Básicas**: como transportes, gerenciamento de estoques e processamento de ordens e pedidos.
2. **Assessórias**: como armazenamento, manuseio de materiais, embalagem, suprimentos e sistemas de informação.

Em uma era em que os negócios são mais dinâmicos, instáveis, competitivos e globalizados, é imprescindível conquistar e fidelizar clientes. O ciclo de vida dos produtos se torna cada vez mais curto e obriga as empresas a inovarem rapidamente seus produtos e, principalmente, seus sistemas de gestão, para que seus produtos não se tornem simples *commodities*. A resposta para isso é a diferenciação de seus produtos e a otimização dos serviços para ultrapassar as expectativas dos clientes por meio de um atendimento rápido e bem-sucedido no sentido de encantá-los, e não simplesmente atendê-los. Para isso, o tempo, a agilidade, a rapidez e a prontidão são imprescindíveis. O fato é que o cliente final está cada vez mais exigente em qualidade e extremamente focado no preço. Isso tudo obriga as empresas a uma eficiente gestão de sua cadeia de suprimentos por meio de uma logística eficiente e eficaz.

8.8 TECNOLOGIAS UTILIZADAS PELA GESTÃO DE MATERIAIS

A Gestão de Materiais (GM), principalmente a logística, utiliza uma variedade de *softwares* consagrados pelo uso. Os principais são:

- *Enterprise resource planning* (ERP) – **Sistemas integrados de gestão empresarial**: são sistemas de informação capazes de integrar a totalidade dos dados e processos de uma organização em um único sistema. Essa integração apresenta duas características importantes:
    1. **Perspectiva funcional**: abrange Finanças, Contabilidade, Produção, Marketing, Vendas, Compras, Recursos Humanos etc.
    2. **Perspectiva sistêmica**: abrange sistemas de processamento de transações, sistemas de informações gerenciais, sistemas de apoio à decisão etc.
- *Material requirement planning* (MRP) – **Sistemas de planejamento de requisições de material**: são sistemas relacionados com as necessidades de materiais dos vários órgãos da empresa.
- *Warehouse management system* (WMS) – **Sistemas de automação e gerenciamento de depósitos, armazéns e linhas de produção**: são sistemas que abrangem toda a cadeia de suprimentos e fornecem elementos para o planejamento da rotatividade de estoques no sentido de maximizar a utilização do espaço.
- *Transportation management system* (TMS) – **Sistemas de gestão dos transportes**: são sistemas que abrangem todo o processo de distribuição no sentido de proporcionar elevada qualidade e produtividade, permitindo planejar e controlar as operações de transporte de maneira integrada.

8.9 AVALIAÇÃO E CONTROLE DO DESEMPENHO

Entre os administradores corre um adágio que diz que o que não se pode controlar não se pode administrar. Em outras palavras, tudo o que ocorre na empresa precisa ser devidamente monitorado para que seja avaliado e controlado no sentido de corrigir possíveis falhas ou desvios e manter eficientes e eficazes todos os processos vigentes. Assim, três aspectos são sumamente importantes:

1. **Definição clara de metas e objetivos**: todo processo deve definir metas imediatas de curto prazo e objetivos finais a serem alcançados e que devem ser entendidos claramente por todos os envolvidos. Metas e objetivos dão o rumo certo, especificam tempo e resultados a serem alcançados e permitem que todos saibam como está indo seu desempenho. Alguns exemplos disso são:
    a. Tempo médio de permanência do estoque de materiais no almoxarifado.
    b. Tempo médio de entrega de uma requisição de materiais (RM) pelo almoxarifado.
    c. Tempo médio de permanência de disponibilidade de uma MP no sistema produtivo da empresa.
    d. Tempo médio de permanência de um produto final no depósito de PA.

2. **Identificação dos fatores críticos de sucesso (FCS)**: são aspectos básicos e importantes que, se não existirem, o sucesso não será alcançado. O alcance de metas e objetivos em todo e qualquer processo empresarial depende de FCS, que devem ser identificados com clareza para minimizar possíveis riscos. Na AM, os principais FCS costumam ser:
   a. Apoio da alta direção da empresa.
   b. Participação e envolvimento de todas as pessoas.
   c. Acesso direto a informações.
   d. Acesso a recursos e pessoas.
   e. Comunicação rápida e clara.
3. **Identificação dos indicadores e métricas**: as metas e os objetivos costumam ser os principais indicadores e métricas do desempenho de cada empresa, de cada departamento e de cada pessoa. Em geral, são indicadores básicos de desempenho, tais como:
   a. **Eficácia geral dos equipamentos de movimentação de materiais**: em termos de desempenho e qualidade.
   b. **Despachos completos em tempo hábil**: por exemplo, de materiais, MP e PA, com entrega integral, no prazo certo e sem atrasos ou problemas.
   c. **Introdução de novos materiais**: definida como a introdução de novos materiais e MP que elevam as metas de qualidade e tempo.

Tudo isso deve levar em conta o processo de avaliação e controle que passa por quatro etapas, conforme a Figura 8.14.

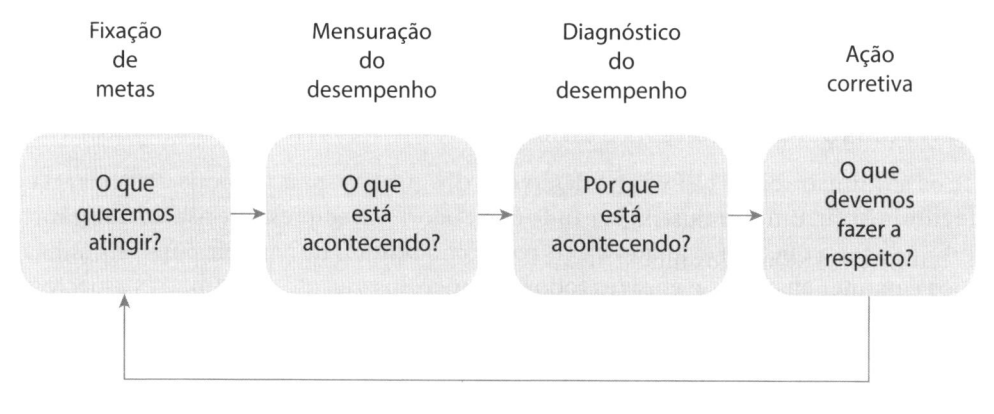

Figura 8.14 Processo de avaliação e controle.[12]

Assim, o processo de avaliação e controle de materiais é feito por meio de quatro etapas básicas:

1. **Fixação de metas e objetivos**: para definir o que queremos atingir em determinado período de tempo.
2. **Mensuração do desempenho**: para avaliar o que está acontecendo no momento da verificação.

3. **Diagnóstico do desempenho**: para avaliar por que o desempenho atual está ocorrendo, quais são seus aspectos positivos ou negativos frente às metas e objetivos fixados.
4. **Ação corretiva**: se necessária, quando houver aspectos negativos no desempenho, para definir o que se deve fazer a respeito.

A partir daí podemos ter uma ideia de como a empresa está desempenhando sua gestão de materiais e, por meio dela, contribuindo para a satisfação do cliente final e oferecendo resultados positivos à empresa e a todos os seus *stakeholders*. Esse é o objetivo fundamental de tudo o que estudamos até aqui.

QUESTÕES PARA REVISÃO

1. Descreva o fluxo de materiais pela empresa.
2. Nos sistemas de produção, qual é o elemento que mais se movimenta?
3. Qual é a participação percentual do custo da movimentação de materiais no custo total da produção?
4. Conceitue movimentação de materiais.
5. Explique a movimentação horizontal e a movimentação vertical.
6. Quais são as finalidades da movimentação de materiais?
7. Como a movimentação de materiais pode aumentar a capacidade produtiva da empresa?
8. Como a movimentação de materiais pode melhorar as condições de trabalho do pessoal?
9. Como a movimentação de materiais pode reduzir os custos de produção?
10. Quais são os princípios básicos da movimentação de materiais?
11. Quais são os aspectos que devem ser considerados na definição dos esquemas e equipamentos de movimentação de materiais?
12. Quais são os principais tipos de equipamentos de movimentação?
13. Explique os veículos industriais.
14. Dê exemplos de veículos industriais.
15. Explique os transportadores contínuos.
16. Dê exemplos de transportadores contínuos.
17. Explique guindastes, talhas e elevadores.
18. Dê exemplos de guindastes, talhas e elevadores.
19. Explique *containers* e estruturas de suporte.
20. Dê exemplos de *containers* e de estruturas de suporte.
21. Explique os equipamentos diversos e as plataformas.
22. Dê exemplos de equipamentos diversos e plataformas.
23. Qual é a composição do custo de movimentação de materiais?
24. Conceitue transporte.

25. Quais são as modalidades de transporte?
26. Conceitue transporte rodoviário.
27. Explique as vantagens e as desvantagens do transporte rodoviário.
28. Quais são as aplicações do transporte rodoviário?
29. Conceitue transporte ferroviário.
30. Quais são as vantagens e as desvantagens do transporte ferroviário?
31. Quais são as aplicações do transporte ferroviário?
32. Conceitue transporte hidroviário e marítimo.
33. Quais são as vantagens e as desvantagens do transporte hidroviário e marítimo?
34. Quais são as aplicações do transporte hidroviário e marítimo?
35. Conceitue transporte aeroviário.
36. Quais são as vantagens e as desvantagens do transporte aeroviário?
37. Quais são as aplicações do transporte aeroviário?
38. Conceitue transporte intermodal.
39. Quais são as aplicações do transporte intermodal?
40. Explique o papel da logística da área de transportes.
41. Quais são os dois fatores principais na escolha da modalidade de transporte?
42. Quais são os quatro fatores subsidiários na escolha da modalidade de transporte?
43. Descreva o fator tempo.
44. Descreva o fator financeiro.
45. Descreva o fator manuseio.
46. Descreva o fator rotas de viagens.
47. Dê os diversos conceitos de distribuição.
48. Conceitue distribuição física.
49. Quais são os dois sistemas de distribuição?
50. Explique a venda direta e a venda indireta.
51. Conceitue consumidor final.
52. Conceitue sistema de distribuição.
53. Conceitue canal de distribuição.
54. Quais são as diferenças entre sistema de distribuição e canal de distribuição?
55. Conceitue intermediários agentes.
56. Conceitue intermediários comerciantes.
57. Conceitue varejo.
58. Conceitue varejista.
59. Conceitue atacado.

60. Conceitue atacadista.

61. Quais são as alternativas de distribuição?

62. Descreva a alternativa 1: distribuição direta ao consumidor.

63. Descreva a alternativa 2: distribuição por meio de varejistas.

64. Descreva a alternativa 3: distribuição por meio de atacadistas.

65. Descreva a cadeia de suprimentos e suas características.

66. Explique a logística.

67. Como era a tradicional logística?

REFERÊNCIAS

1. MARKLAND, R. E.; VICKERY, S. K.; DAVIS, R. A. *Operations management*: concepts in manufacturing and services. Cincinatti: South-Western College Publ., 1998. p. 635.
2. KULWIEC, R. A. *Materials handling book*. New York: John Wiley & Sons, 1985.
3. RUSSOMANO, V. H. *Planejamento e acompanhamento da produção*. São Paulo: Pioneira, 1976.
4. Council of Supply Chain Management Profesionals (CSCMP).
5. Adaptado de: MARTINS, P. G.; LAUGENI, F. P. *Administração da Produção*. São Paulo: Saraiva, 2005. p. 170.
6. *Vide*: http://pt.wikipedia.org/wiki/Log%C3%ADstica. Acesso em: 23 nov. 2021.
7. MARTINS, P. G.; LAUGENI, F. P. *Administração da Produção, op. cit.*, p. 180.
8. BALLOU, R. H. *Business logistics management*. Englewood Cliffs: Prentice Hall, 1999.
9. Conselho Regional de Administração de São Paulo (CRA-SP). Em média, gastos com logística tomam 13% das receitas empresariais. *Revista Administrador Profissional*, v. 35, n. 317, p. 30, nov./dez. 2012.
10. MARTINS, P. G.; LAUGENI, F. P. *Administração da Produção, op. cit.*, p. 180.
11. MARTINS, P. G.; LAUGENI, F. P. *Administração da Produção, op. cit.*, p. 180-181.
12. KOTLER, P. *Administração de Marketing*. São Paulo: Atlas, 1996. p. 635.

BIBLIOGRAFIA

AMMER, D. S. *Administração de material*. Rio de Janeiro: LTC, 1979.

BALLOU, R. H. *Business logistic management*. Upper Saddle River: Prentice Hall, 1998.

BUFFA, E. S. *Administração da produção*. Rio de Janeiro: LTC, 1972. 2 v.

CHIAVENATO, I. *Administração da produção*. Rio de Janeiro: Elsevier/Campus, 2005.

DIAS, M. A. P. *Administração de materiais*: uma abordagem logística. São Paulo: Atlas, 1990.

FRANCIS, R. L.; MCGINNIS, L. E.; WHITE, J. A. *Facility layout and location*. Englewood Cliffs: Prentice Hall, 1992.

HARDING, H. A. *Administração da produção*. São Paulo: Atlas, 1987.

JOHNSON, J. C.; WOOD, D. F. *Contemporary logistics*. Upper Saddle River: Prentice Hall, 1996.

KRAJEWSKI, L. J.; RITZMAN, L. P. *Operations management*: strategy and analysis. New York: 1998.

LAMBERT, D. M. et al. *Fundamentals of logistics management*. New York: Irwin/McGraw-Hill, 1998.

LEME, R. A. S. *Controle na produção*. São Paulo: Pioneira, 1967.

MAGEE, J. F. *Planejamento da produção e controle de estoques*. São Paulo: Pioneira, 1967.

MARKLAND, R. E.; VICKERY, S. K.; DAVIS, R. A. *Operations management*. Cincinnati, Ohio: South-Western Publishing, 1998.

MARTINS, P. G.; ALT, P. R. C. *Administração de materiais e recursos patrimoniais*. São Paulo: Saraiva, 2004.

MARTINS, P. G.; LAUGENI, F. P. *Administração da produção*. São Paulo: Saraiva, 2005.

MAYER, R. *Administração da produção*. São Paulo: Atlas, 1978.

REIS, D. A. *Administração da produção*. São Paulo: Atlas, 1978.

RIGGS, J. L. *Administração da produção, planejamento, análise e controles*. São Paulo: Editora S. Paulo, 1976.

RUSSELL, R. S.; TAYLOR, B. W. *Operations management*. Upper Saddle River: Prentice Hall, 1998.

VOLMANN, T. E.; BERRY, W. L.; WHYBARK, D. C. *Manufacturing planning and control systems*. New York: McGraw-Hill, 1997.

ÍNDICE ALFABÉTICO

A

Abastecimento de materiais à empresa, 66
Ação corretiva, 149
Acompanhamento dos pedidos (*follow-up*), 97
Administração de Materiais, 32
Almoxarifado, 104
Análise das Ordens de Compras recebidas, 93
Antecipações, 133
Aprendizagem, 7
Armazenamento de materiais, 43, 103
Arranjo físico, 107
    da produção
        contínua, 26
        em lotes, 24
        sob encomenda, 22
Arrumação física, 119
Atacadista, 139
Atrasos, 133
Atualização dos registros de estoque, 120
Avaliação
    dos estoques, 81
    e controle do desempenho, 147
    pelo custo de reposição, 83
    pelo custo médio, 81
    pelo método
        PEPS, 82
        UEPS, 82

B

Banco de dados de estoque, 73
Bens, 30
    intangíveis, 31
Baixo valor, 76

C

Cadeia de suprimentos (*Supply Chain Management*), 100
Caixas, 113
Capital, 3
Carga unitária, 112
Cartão de inventário, 119
Catalogação, 114
Centralização das compras, 90
Ciclo de compras, 92, 99
Classificação
    ABC, 74
    de estoques, 67
    de materiais, 35
Codificação de materiais, 114
Coleta de informações, 51
Combustível, 133
Competências essenciais, 6
    e a aprendizagem, 7
Componentes de um sistema, 8
Compras, 89
Condições básicas do arranjo físico, 108
Consumidor
    final, 139
    industrial, 139
Contagem do estoque, 120
Container(s), 131
    flexível, 114
Controle(s)
    da produção, 57
    de custo, 59
    de qualidade, 58
        100%, 58
        por amostragem, 59
    de quantidade, 57
    de rendimento, 59
    de tempo, 59
    e recebimento do material comprado, 98
    total da qualidade, 58
Convocação das equipes de inventariantes, 119

Corredores, 109
Custo(s)
    da movimentação de materiais, 133
    de armazenagem, 83
    de estoques, 83
    de materiais, 127
    de produção, 127
    do pedido, 85
    e benefícios de comprar e de estocar, 118
    em despesas gerais, 127

D

Decisões
    estratégicas, 145
    logísticas, 145
    operacionais, 145
    táticas, 145
Decorrências da movimentação de materiais, 128
Depósito, 104, 106
Descentralização das compras, 91
Diagnóstico do desempenho, 149
Dimensionamento de estoques, 69
Distribuição
    direta do produtor ao consumidor, 140
    física, 138
    por meio de
        atacadistas, 142
        varejistas, 141

E

Economias de escala, 66
Edificação, 129
Efetividade organizacional, 12
Eficácia, 11, 12
Eficiência, 11
Elevadores, 131
Empilhamentos, 110, 113
Empresas, 1, 2, 3, 5
    como sistemas abertos, 7
    primárias, 31
    secundárias, 31
Enterprise resource planning (ERP), 147
Entradas, 8
Entropia, 10
Equipamentos, 133
    de movimentação de materiais, 129
    diversos e plataformas, 132
Especificação, 114
Estocagem
    centralizada, 111
    de materiais, 110
    de matérias-primas, 110
        centralizada, 110
        descentralizada, 110
    de produtos acabados, 111
    intermediária, 110
        centralizada, 111
        descentralizada, 111
Estoque(s), 65
    de materiais
        acabados ou componentes, 68
        em processamento, 67
        semiacabados, 68
    de matérias-primas, 67
    de produtos acabados, 68
    de segurança, 66
Estruturas de suporte, 131
Execução do plano de produção por meio da emissão de ordens, 55

F

Fases do planejamento e controle da produção, 49
Fator(es)
    críticos de sucesso, 148
    financeiro, 137
    manuseio, 137
    rotas de viagens, 137
    tempo, 137
Finalidades da movimentação de materiais, 126
Finanças, 5
Fluxo de materiais, 33
Follow-up, 98
Formulação do plano de produção, 52
Funções de Compras, 90

G

Gavetas, 113
Gestão
    da cadeia de abastecimento, 142
    de estoques, 65
    de materiais, 29, 39, 40
        estrutura organizacional, 42
Guindastes, 131

I

Implementação do plano de produção por meio da programação da produção, 54
Importância de Compras, 90
Imprevistos, 133

Indicadores, 148
Intermediário, 139
    agente, 139
    comerciante, 139
Intervalo de reposição, 78
Inventário(s)
    físico, 118
    gerais, 119
    rotativos, 119
    tipos de, 119
Itens de estoque, 108

L

Lado externo do sistema de produção, 21
Leiaute, 107, 129
    de processo, 107
    de produto, 108
    estacionário, 108
Logística, 41, 143
    atual, 146
    de distribuição de materiais, 43

M

Manutenção do equipamento, 133
Materiais, 32
    acabados, 38
    em processamento, 36
    semiacabados, 37
Material requirement planning (MRP), 80, 147
Matérias-primas, 36
Mensuração do desempenho, 148
Mercado, 5
Metas e objetivos, 147, 148
Método
    da média móvel, 70
        ponderada, 71
    do consumo do último período, 70
Métricas, 148
Modalidades de transporte, 136
Movimentação de materiais, 126
    e logística, 125
    princípios básicos para, 128

N

Natureza, 3
Negociação com os fornecedores, 96
Normalização, 115
Número de horas trabalhadas, 58

O

Operações, 4
Ordem
    de Compra, 56
    de Montagem, 56
    de Produção, 56
    de Serviço, 56
Organização de Compras, 90
Órgão de Compras, 99

P

Padronização, 115
Pallets, 112, 113
Perdas de material, 133
Pesquisa
    de fornecedores, 95
    e seleção da cadeia de fornecedores, 94
Pessoal para operação dos equipamentos, 133
Pessoas, 5
Planejamento
    da Produção, 51
    das necessidades de materiais, 79
    do inventário, 119
    e Controle
        da Produção, 48
        de estoques, 72
Plano de produção
    contínua, 25
    em lotes, 24
    sob encomenda, 21
Portas de acesso, 109
Prateleiras, 110, 113
Previsibilidade da produção
    contínua, 26
    em lotes, 24
    sob encomenda, 23
Processador, 8
Processo produtivo, 129
Produção, 4
Produtividade, 128
    da mão de obra, 127
Produto/serviço (P/S), 129
Produtos, 29, 30
    acabados, 38
    de consumo, 30
    industriais, 30
Programação de materiais, 47, 60
Projeto de produção, 50

R

Raques, 113
Reconciliações e ajustes, 120
Recursos
 administrativos, 4
 financeiros, 3
 humanos, 3
 materiais, 3
 mercadológicos, 4
Redução da fadiga, 127
Requisição de materiais, 56
Retroação, 8

S

Saídas, 8
Segurança e redução de acidentes, 127
Seleção de fornecedores, 95
Serviços, 29, 31
Simplificação, 114
Sinergia, 10
Sistema(s), 9, 10
 abertos, 9, 10
 alfabético, 115
 alfanumérico, 116
 conceituais ou abstratos, 9
 das reposições periódicas, 78
 de automação e gerenciamento de depósitos, armazéns e linhas de produção, 147
 de duas gavetas, 76
 de gestão dos transportes, 147
 de planejamento de requisições de material, 147
 de produção, 1, 13, 17, 53
 de produção
  contínua, 25
  em lotes, 23
 sob encomenda, 21
 descentralizado, 91
 dos máximos-mínimos, 77
 fechados, 9
 físicos ou concretos, 9
 integrados de gestão empresarial, 147
 numérico, 116
Subsistemas, 10
Suprimentos, 40, 92

T

Talhas, 131
Técnicas de estocagem de materiais, 111
Tecnologias utilizadas pela Gestão de Materiais, 147
Tempo padrão de produção, 59
Teoria Geral dos Sistemas, 10
Trabalho, 3
Transportadores contínuos, 130
Transportation management system (TMS), 147
Transporte, 134
 aeroviário, 136
 ferroviário, 135
 hidroviário e marítimo, 135
 intermodal, 136
 rodoviário, 135

V

Varejista, 139
Veículos industriais, 129
Venda
 direta, 138
 indireta, 138
Volume de produção, 57

W

Warehouse management system (WMS), 147